異辭錄

晚清官場真實內幕

劉體智 原著
蔡登山 主編

導讀／《異辭錄》：劉體智眼中的晚清政壇

蔡登山

《異辭錄》在晚清筆記中，算是史料價值相當高的著作。該書在民國初年刊行，名為《辟園史學四種》，其中包括《十七史說》四卷，《通鑑雜記》十六卷，《續歷代紀事年表》十卷，及《異辭錄》四卷。當時書刊行時並無署名，只托名「辟園」，而辟園為劉體仁之號，因此《中國叢書綜錄》據此認為《異辭錄》為劉體仁所著。直至一九八八年中華書局重新點校出版《異辭錄》，點校者為劉篤齡，據其考證《異辭錄》作者是劉體智，乃劉體仁之弟。而劉篤齡正是劉體智之孫。

其實劉體仁、劉體智都是劉秉璋的兒子。劉秉璋（一八二六－一九〇五），字仲良，安徽廬江人。晚清重臣，淮軍名將。咸豐十年（一八六〇）庚申恩科進士，選庶吉士，授編修。次年，受命協同李鴻章招募淮軍。自始，投筆從戎。南征北戰，平內亂，以功擢升侍講，繼而積功獲振勇巴圖魯名號，先後升任江西、浙江巡撫。光緒十年（一八八四），中法戰爭期間，力抗外侮，指揮了著名的「鎮海之役」，維護了國家尊嚴。光緒十二年（一八八六）擢升四川總督。後因在查辦「成都教案」中維護民族利益，得罪美、英教士，清廷迫於無奈，將其罷官歸里。

劉秉璋有五位兒子，子承父志，後來也都曾風雲過一時。老大劉體乾，在袁世凱當政時官至四川省省長（宣慰使），所謂兩代人先後督蜀，一時傳為美談；老二劉體仁是舉人，原在京城為官，因不願與袁世凱合作，遂棄官回家；老三劉體信（聲木）成為著名的學者、藏書家，他的關於楚辭類的藏書，被郭沫若稱為海內第一。老四劉體智、老五劉體道。

五兄弟中最負盛名者，是後來出任中國實業銀行總經理的劉體智。根據其孫劉耋齡所寫的〈劉晦之〉傳云：「先祖父劉體智（一八七九—一九六二），字惠之後改為晦之，晚號善齋老人，安徽廬江人，以父蔭任晚清戶部郎中，後任大清銀行安徽總辦；曾兩次東渡日本考察實業，回國後先後創辦了和豐輪船公司、裕新紗廠、楊子麵粉廠、永甯保險公司、中和印刷所、恒順信託公司，並出任中國實業銀行總經理及代理董事長（一九一九—一九三五），不僅是民國時期較有影響的金融家之一，更是著名的大收藏家。」又說：「先祖父很小便過繼給李鴻章作義子。這使先祖有了被送入天津李鴻章家的私塾中與李氏諸弟子一起讀書學習的良機。嚴師的教誨，弟子間的交流使他養成了嚴謹的治學方法，與李氏門生故吏之間隔代的交往使他學識廣泛，博才多學。李氏家塾又聘請了卸任的美國領事畢德格為客卿，兼任兒孫的英語教師，先祖父也與李氏子孫共學英語，其口語水準可以達到不用翻譯與外國人士交流。後來又娶光緒帝師大學士、狀元，北京大學前身京師大學堂創辦人孫家鼐小女兒為妻。這樣的家庭背景及本人的聰明才智為其日後的事業及收藏打下了良好基礎。」

劉體智在從事金融、實業之餘，雅好收藏，以甲骨文、青銅器及善本古籍為大宗，兼及書畫瓷器、秦漢璽印、漢魏名碑、明清精墨、古硯鼻煙壺等。他的收藏上世紀二三十年代已名播天下「中國通」，福開森稱其為「民國以來收藏青銅器最多的人」（《歷代吉金目》）。

劉體智的文物收藏堪稱海內一流，尤其是龜甲骨片和青銅器的收藏，世間罕有其比。一九三六年郭沫若亡命日本時，劉體智就將自己歷年所收集的龜甲骨片，請人拓出文字，集為《書契叢編》，分裝成二十冊，托中國書店的金祖同帶到日本，親手交給郭沫若，供其研究、著書。郭沫若從中挑選了一千五百九十五片，研讀考釋，並寫成了甲骨學上具有重要意義的巨著《殷契粹編》，在日本出版。郭沫若在書序中一再感歎道：「劉氏體智所藏甲骨之多而未見，殆為海內外之冠。……去歲夏間，蒙托金祖同君遠道見示，更允其選輯若干，先行景布，如此高誼，世所罕遘。」「……然此均賴劉氏搜集椎拓之力，得以倖存。余僅坐享其成者，自無待論。」（郭沫若《殷契粹編·序》）感激之情，溢於言表。

劉耋齡又說：「先曾祖（案：劉秉璋）在安徽老家有座遠近知名的藏書樓名《遠碧樓》藏書七、八萬冊，曾編有《遠碧樓經籍目錄》十二冊分三十二卷，另有宋元精本八九種，地方誌一千餘部，……先祖父一九一一年來滬繼續藏書，書目增至三十萬卷，著錄兩千四百餘部，以明版為多，亦有十餘部宋元珍籍，藏書達十萬餘冊。在上海市新閘路一三二一號內的花園洋房的南端，按其藏書規模，特為其建一藏書樓，名為『小校經閣』。」

劉體智長於音韻訓詁之學，且工詩文，精考據，旁通蒙古史，每日伏案不倦，主要著述有《說文諧聲》、《說文切韻》、《說文類聚》、《尚書傳箋》、《禮記注疏》、《元史會注》、

《辟園史學四種》等。刊行者有《善齋吉金錄》、《小校經閣金石文字》等。一九六二年為上海文史館館員，同年病逝。

劉體智的著作，何以名為《異辭錄》？根據《辟園史學四種》的序說：「大抵國史有忌諱，有迎合，或不免曲筆。」他是不滿於官書正史的文飾虛譽，因此名為「異辭」，所謂「異辭」者，用現在的話說就是「非官方說法」。他要以所見所聞，道出真實內幕，因此他寫作的資料來源，主要有兩種，一是自己的親歷親聞，二是來自他父親劉秉璋的日記及大量的函牘。

說到他的親歷見聞，這不能不談到劉秉璋所經營的政治人際網絡，劉秉璋大兒子劉體乾娶了李鴻章的姪女。二兒子劉體仁還娶了湖廣總督張樹聲的女兒；三兒子劉體信先是娶淮軍名將吳長慶的女兒為妻，而劉體信的第二位太太則是兩江總督周馥長女周瑞鈿；四兒子劉體智娶了孫家鼐的第五個女兒為妻；五兒子劉體道娶閩浙總督卞寶第的女兒，與李鴻章小兒子李經邁為連襟。而劉體智的大姊嫁給李鴻章的兒子李經方，可見他們之間的姻親關係勢力是多麼的強大！

據劉體智之孫劉篤齡說：「劉、李兩家，多聯姻亞，應李鴻章函招，作者（案：劉體智）入李氏家塾，從習英語。遂與李氏父子叔姪、門生故吏，朝夕談讌，不拘形跡。廷臣徐桐、瞿鴻禨，亦於作者為父執姻長。作者婚後，館於孫氏。板蕩多事，孫、李、徐、瞿諸人商討大計，時或命作者傳遞口訊，往來奔走。是故作者雖僅五品微員，特於同光以後清廷若干舉措，頗有所聞。」例如光緒三十三年醇親王載灃與大學士孫家鼐奉旨查辦慶親王奕劻之子載振納楊翠喜案，載灃少不更事，查究之責主要取決於孫家鼐。孫家鼐雖為老臣但也不敢得罪慶親王，據《異辭錄》對孫家鼐當時的心態有切近地描寫：孫家鼐深知「博輿論之歡欣鼓舞固自易易」，但顧慮到：一、奕劻是親王，即使開缺，如仍留京，遇年節吉日，仍蒙召見，很有可能「捲土重來」。二、即便能打倒奕劻，袁世凱也未必能一塊打倒，如打不倒，被反噬一口，更不合算。三、「吾一言一動影響皇上甚巨大」。孫家鼐原為帝黨重臣，戊戌時曾受牽連，庚子後方得化解，一慮及此，「戰戰兢兢之不暇，豈敢稍涉疏忽」，於是決計敷衍了結，免樹政敵。劉體智能將孫家鼐的心計和盤托出，假若不是翁婿關係，旁人又誰能知之？

又《辟園史學四種》自序云：「記今事悉取諸先公日記，類皆當日耳目之所及，中朝士大夫之所道。」除此而外還有劉秉璋所藏之函牘等等。例如《異辭錄》卷二有光緒十五年六月劉秉璋昭雪「鎮海之役」的守將吳杰，吳杰為浙江提督歐陽利見中傷，被閩浙總督卞寶第參革，劉秉璋上奏為吳杰鳴冤。《異辭錄》中有摘引原奏摺。

總之，《異辭錄》記述晚清咸豐、同治、光緒、宣統四朝的人物和史事。舉凡封疆大吏、帝后樞臣、名士顯宦無不涉及。包括慈禧、光緒、李鴻章、曾國藩、左宗棠、劉秉璋、翁同龢、榮祿、袁世凱、陳寶箴、胡雪巖、張佩綸、李慈銘、康有為、端方、盛宣懷、張勳等等。而有關重大事件有太平天國起義、捻軍起義、洋務運動、馬嘉里案、中法戰爭、甲午戰爭、戊戌政變、義和團運動、丁未政潮、張勳復辟等等。史實珍貴，評論公允，許多記載頗能揭幽探秘。

清代史料筆記中，有不少是內容豐富而史料翔實，但卻很少人引用。其原因在於當時作者寫作時文不加點，全書又無分段，更無小標題可供檢索，因此要查其中某事件，恐需翻閱全書，甚為不便。近來大陸有些古籍出版社有點校者，但於分段仍未細分，小標題之製作亦未得當，此因作者書寫時慣用字、號、郡望、諡名、齋室名等等，如止庵、善化，是指瞿鴻禨；孫文正是指孫家鼐；琴軒是潘鼎新，文勤是潘祖蔭，若製作小標題對於這些人名不熟，則對讀者而言，亦無從檢出。

因此此次新校本，將每篇加以重新分段，以更便於讀者閱讀。而對於原來並無小標題者，重新製作，這些小標題根據該篇內容抓出重點，尤其是在人名上儘量讓讀者一目了然，是何人，談的是何事。其中也參考劉篤齡及張國寧（山西古籍出版社）的點校，在此致謝。其目的是讓讀者只要翻閱目錄小標題即可找到所要的資料。前人甚重引得，今人則重關鍵字，若這些工作無法完善，則雖有明珠仍將暗藏矣。

編輯說明：

本書在民國初年出版時原書名為《異辭錄》。今重新打字、分段、點校後再次出版，新增一副書名，作《異辭錄：晚清官場真實內幕》。特此說明。

目次

卷二

卷三

卷四

卷一

安徽學問之盛

皖省科甲門第，遜於江浙，然於學問淵源，則較為早。江慎修、戴東原兩先生，在雍乾時代，頗開風氣之先。咸同之際，文化漸於南服。鄭子尹之流，學問精湛，足以媲美前修。子尹曾受業於程春海侍郎，侍郎，歙縣人也。徽州一府經學輩出，舉世宗仰，真如泰山北斗矣。桐城方靈皋、劉海峰、姚姬傳三先生以文章鳴。歷城周書昌編修云：「天下文章，其在桐城乎！」此為極盛時代。明方東樹稱姚氏高足弟子，再傳而得存莊，名節足多，後先暉映。吳摯翁就湘鄉曾氏求學，於姚氏為私淑，講學最久，名重東北，為桐城人物之後勁云。

都中士大夫嘲人聯

都中士大夫口舌尖新，喜為詩詞對句，嘲弄當時之人。有某甲為陳子鶴、許滇生兩尚書所取士，陳尚書夫人薨，甲輓詞有「喪師母如喪我母」之語。次年見許尚書，尚書言其夫人久病。甲云「門生婦當來服事」，尚書固辭。未幾，其婦攜行李來。及門，許夫人扶病出謝，阻弗使入。時人聯云：「昔歲入陳，寢苫枕塊；昭茲來許，抱衾與裯！」

張芾與南昌之役

通商之初，士大夫恥言洋務，甚或浮詞入奏，生國事之梗。蒲城王文恪以尸諫，遺疏力阻五口通商和議，後人揣測附會，以為彈劾穆相國者，非也。張文毅是其門人，為之掩飾，正理所宜，文毅從此遂不理於眾論。南昌一役，雖江忠烈守禦之功，然文毅於時為撫帥，臨時招之使來，兵餉悉率以聽，克保危城，搘柱東南半壁，論勳業，與張、許之守睢陽，何多讓焉。相傳每日忠烈登陴守備，暮歸倦甚而臥，文毅輒至榻前，與之敘語，雅量殊不可及。乃因一事以誤生平，其後竟以微疵褫職，當時關涉洋務，為害如此。

劉秉璋、潘鼎新少年同學

先文莊幼學於同邑潘小安封翁，翁之子琴軒中丞與之同學室。文莊小試，初不得志。中丞早入泮，聰穎異於常兒，抱大志，將為京都之遊。恐堂上有異言，不敢以告，乞貲用。文莊潛質衣與之，既而幡然改計，與之同走。行兩日，先祖與潘翁追至，稍給資斧，訓以多語而別。潘翁贈文莊以言曰：「小試之文，毋深思大力。不然，既至北京，不能再北。」潘翁蓋疑文莊慫恿其子出遊，猶不知中丞之動議也。至京，先見李文忠之封翁愚荃侍御而請學焉，遊揚於公卿間，頗為孫蘭檢、呂鶴田兩侍郎所激賞。孫侍郎曰：「學至於此，應童子之試而猶不售，難乎其為廬州府學秀才矣！」文忠曰：「殆猶甚焉。公知吾鄉應府縣試者常三千餘人，英才屈抑，奚止此乎！」呂侍郎曰：「劉潘兩生他日貴顯，為吾鄉後起之秀。」時道光二十五年之冬也。文莊至京，在文忠丁未會試之先。既文忠成進士，李翁謂：「吾兒新貴，可取資焉。」是後文字，皆就文忠是正矣。

李鴻章只熟《詩經》

李文忠丁未會試之先，辛苦用功，只溫熟《詩經》一部。觀公闈作「君子賢其賢而親其親」二句《四書》文，讀公《朋僚函稿》，時引《毛詩》，流露於不自覺，可以概見。古人通經致用，非謂通群經也；苟能通一經，用之綽有餘裕。若徒誦章句，過而輒忘，食古不化，何益之有！

李鴻章崖岸自高

先文莊與潘中丞初至京，小住廬州會館，既而移寓城內東單牌樓觀音寺胡同觀音寺。李翁之友，湖北宜昌府通判江陰沈燿鋆者，嗣於洪楊之亂，陷寇被害。其子即品蓮方伯也，是時遣至京師就學，李翁使之同居寺中。巢縣周沐三遊學北方，聞風而至。蕭然古廟之中，遂有四友。惟沐三為部郎一人之門人，不為文忠下，其後亦未達，餘則兼師其父子。文忠貴後，在北洋督署，沐三薦其幼子持函以往，稱謂如舊友。文忠大怒曰：「我舊友中，焉有此人！」其詞不無憾焉，然終予以小差，足見前輩崖岸自高而心地自厚，兩不相妨。

潘鼎新為富家贅婿

先文莊與潘中丞，皆冒順天大興籍，應己酉北闈鄉試，中丞獲雋，文莊落第，二人皆未娶也。中丞刻硃卷，與肆中人齗齗計較。既畢，肆主見其未娶，調侃之曰：「如此精明，不知誰家女郎得茲佳婿。」時先母程太夫人年已長，先王父、先外祖皆催歸完姻。秋試後，文莊乃與中丞同歸，時道光二十九年。當中丞未舉於鄉之先，潘翁曾為之求婚於青陽司巡檢。巡檢曰：「吾女不慣作炊。」弗許。聞中丞中式而反求焉。潘翁曰：「與我二百金者，吾子與爾婚。」巡檢不得已而與之。適同鄉京官謝夢漁侍御有女未字，屬李翁為之相攸。李翁曰：「新科舉人潘琴軒，吾知其未娶。今歸，未知成婚否，當函詢之。」侍御起謝者再。及書至，而中丞已以二百金鬻為富家贅婿矣。相傳中丞緣此，不樂承歡於潘翁前者旬有餘日。洪楊亂作，蔓延日廣，據有三河鎮。中丞，舉人也，不能留於其中。潘翁以車自送佳兒佳婦，就其岳家於合肥。巡檢留婿及女，而遣潘翁去。潘翁故里中名士，豈屑與巡檢較量短長，坦然徑歸。自乘車之一邊，而以一邊載行李，復返三河鎮。中途過戰區，遇寇兵搜檢，叱其下，曰：「汝變妖邪？」潘翁怒曰：「變妖，汝將若何？」遂遇害。中丞因留合肥，入團練，為報仇計。

湘軍之制

湘軍之制，不收烏合之眾。其成軍也，能選兵十人以上者為什長。十人之選，何難之有，惟被選者，須緩急可恃之為當。等而上之，能得如是什長十人者為哨弁，能得如是哨弁五人者為管帶營官。等而下之，為管帶營官者，夾帶中必先有哨官五人；為哨官者，夾帶中必先有什長十人；為什長者，夾帶中必先有緩急可恃之兵十人。其臨陣也，什長陣亡，其下兵之存者十人悉斬；哨官陣亡，其下什長存者十人悉斬；管帶陣亡，其下五哨官存者悉斬。由此類推，一營全沒，則營官應斬；一哨全沒，則哨官應斬；一棚全沒，則什長應斬。大綱本諸戚繼光兵法，變通而行之。淮軍因而效之。中興後五十年，勇營之制不外於此，但執法者不若是整齊畫一耳。

李續賓輕心取敗

曾文正始辦團練，尚倚武營弁勇。塔忠武，其傑出者也。以文員從軍臨陣，蓋自羅忠節、李忠武兄弟始。忠武兄弟，先從忠節講學。上馬殺賊，下馬作露布者，古有之矣。上馬殺賊，下馬講學，蓋未之前聞。忠武歿於吾鄉三河鎮。相傳賊兵大至，忠武聞之大悅，曰：「愈多愈佳，將有取敗之道焉。

聚而殲之。」公於是役埋輪縶馬，慷慨捐軀，固足以使當時儒夫立志。然屢勝之餘，掉以輕心，

多隆阿之死

鴉片戰役之後，國家軍力情見勢絀。英法和議未定，而未嘗一日忘中國，輒於海外作耽耽之虎視，伺釁而動。國中遍地皆寇，無一完善之區，亡可計日而待。其所以轉危為安，成中興之業者，固由湘、淮軍將多出儒臣，不欲更姓改物，致起長久之內爭；抑亦八旗將領猶有能者故也。塔忠武材武過人，未嘗獨當方面。僧王將蒙古鐵騎，馳逐中原，可謂勇矣，而計謀不定，故無成功之望。其絕倫超群者，惟忠勇公多隆阿，自武昌、九江而入皖境，百戰百勝之師，卒以意見不協，移軍陝西。譬如驅虎入穴而使之鬥，何以能盡其才。圍攻盩厔，受傷身死，惜哉！入城之日，公臥不能起，劉霞軒中丞往視。公聞其至，移面向內而不與語，未幾而卒。

李鴻章代製奏章

李文忠為編修時，以文字自喜，恆為呂文節草疏言事，時人弗之奇也。洪、楊得武昌，順流而下，沿江戒嚴，安慶續陷聞於朝。文忠方在海王村書肆中，遇同鄉某君，謂之曰：「尚不知省

城失耶，而作此不急之務也。」文忠感念桑梓之禍，過文節，慫恿上章。文節即令其代製，而允具名焉。文忠歸，翻檢書籍，審察時勢，慘澹經營而得長篇。書成已深夜，幸居距文節宅不遠，使人持往，不至誤翌晨封奏。文忠倦臥，迨醒，日已過午。當時京朝官不得見本日朝報，心念昨事，駕車往見文節。及門，聞合家哭聲，如有喪者。登堂，文節自內跳而出，曰：「君禍我，上命我往。我亦禍君，奏調偕行。」是日，文節召對，上大哭，文節亦伏地哭。其後，文忠和何蓮舫詩中有「追憶同胞烈士魂」，指文節也。又曰「諫草商量捍吾圉，伏蒲涕泣感君恩」，記是事也。

李鴻章得免舒城之難

文忠從文節至皖，等於徒手。官軍見寇即走，屢敗不振。鄉勇烏合，不堪一試。文節以客官，更無能力應敵。駐守舒城，聞寇將至，議守禦，文忠與焉。封翁在廬州辦團練，老僕劉斗齋久役於封翁京寓中，時隨至舒城，見事日急，密引文忠至僻處，告之曰：「若輩死耳，無可避免。公子何為者，獨不念老人倚閭而望乎？」文忠悚然問計，劉斗齋曰：「馬已備。」急馳去而免。其後文忠有田百頃在英霍之間，命劉斗齋之子某甲為收私租，十年無所得。召往問之，某甲呈簿，入不敷出，須益以三千餘金，出入乃能相抵。文忠怒，以足蹴之，亦不之罪也。

太平軍陷揚州

鴉片煙之役，英艦入長江、據鎮江。時揚州為鹽商聚集之處，因承平日久，倏聞兵事，驚懼異常。有江甲者，素與英軍中譯人相識，獻巨款乞免，英軍許之，迎至揚州，設宴款之而罷，頗得眾譽，有「江善人」之稱。及洪、楊南竄，取金陵，下鎮江。鹽商狃於蒲騷之役，復使甲往。寇軍首領偽許諾，甲如法接待。筵席中，伏甲盡起，縛甲殺之，遂踞揚州。

張嘉祥之妻

戲劇最足移人，而作偽亦易。《三國演義》章回小說，宋稗之下乘，而賈豎牧子無不津津樂道，則二簧、西皮之力也。漢距今遠，猶云無考。有目前之事亂人耳目者，莫如張嘉祥娶親一節。忠武夫人，桂林人。忠武少為盜，一日為村堡人所擒，夫人亟馳至，劫之以歸，人無敢動者。復從至金陵。江南大營未潰時，忠武遣歸，屬鄉人參將李某送之。里中故無家，以五千金付，置第宅，給衣食。臨行拔一齒，授之為別，曰：「予必戰死，恐骨不能歸，它日可以是葬。」其語洵烈丈夫也。夫人既自江南還，築室羚羊峽，與侍妾五人居。會當受一品夫人封誥，詔將至，謂參將曰：「諸妾與予同事，今予受封極品，彼不得沾，恐怏怏多不歡。若讀詔，可口增某氏某氏也。」新興、高明等縣有嘉應客民，屢與土人鬥，避難者多入羚羊峽，道殣相望，夫人常貸金散之。忠武殉國，尸覓不獲，夫人以所拔齒葬。觀此，則忠武、夫人少年結髮，曾與共患難，忠武故後，能盡死葬之禮。如戲劇所云，豈非杜撰。

官文恭之死妾

旗人於朋友之際，親如家人骨肉。平時往還，主人主婦同出見，子女侍側。遇有吉禮，雖非親屬，而與叔伯兄弟舅甥無異。凶禮則人人白服，適合古人同爨緦之禮。《桃花聖解盦日記》譏官文恭在武昌，其妾之死，官吏皆白服送喪。因舉《拜經文集・為妾服緦議》，謂在阮文達兩廣督幕時，文達有愛妾死，而以此獻媚。按同爨尚緦，妾於何有？是不知滿俗，且未能盡通古禮也。且官文恭鎮武昌，與胡文忠為契友，在其籠絡之中。相傳文忠太夫人撫官妾為義女，每在撫署，太夫人待之真如己出；妾視文忠不啻手足。因是文恭遇事推崇，督撫若為一體，而文忠遂以得行其志，果建殊勳而平大難。此又文忠經權互用之宜，非腐儒所得能揣測也。

陰陽怕懵懂

胡文忠之才，為中興諸賢之冠。曾忠襄率軍東下，知兵之士多慮後路之孤。文忠勖之曰：

「往矣，昔有兄弟二人，兄不談陰陽，弟多迷信，頻年兄弟均未逢凶宿。弟拘禁時日，頗以為苦，思效其兄，以自疏放。不擇日徑出，果遇黑煞神於途，責其不循故轍。弟曰：『吾從吾兄，奈何獨當其咎？』神曰：『汝兄懵懂，陰陽怕懵懂，不得不避之。汝畏服我者也，胡可違命。』天下人，惟懵懂足以舉事。往矣，行見大功之成。」及忠襄克金陵，就鄂撫任，與官文恭交惡。李文忠聞之，輒舉前言以為笑樂，曰：「是太懵懂矣。」

李鴻章治軍之法

科第時代，重師生之誼。李文忠公出福元修中丞門下。洪、楊亂中，文忠免於舒城之難，歸鄉，隨封翁治團練。事出創舉，不免募捐，鄉人為之揭帖，云翰林變作綠林。未幾李翁以憂卒，或云自殺。李翁體肥，會當夏令，輒痛飲，且露宿於外，無疾而終，故云然。文忠〈和何蓮舫詩〉有句云「錦囊未敢忘三矢，蓋篋何曾有一錢」，蓋紀實也。是時，文忠益不得志，福中丞時為皖撫，乃往依之。中丞惟倚總兵秦定三、鄭魁士兩軍，以互相猜忌而敗，中丞鐫級去。文忠入曾軍，乃得大用。其後中丞任烏里雅蘇臺將軍，失地奪職，文忠為敘前勞，還原銜。文忠治軍，不使諸將和睦，預防其協謀為主帥害，似傳中丞衣缽。文忠常述中丞之言曰：「時時以不肖之心待人。」似此口吻，足以知當時治軍之法。我軍之終以不振，胥由於此。然武人之不能攬權，亦由於此，未可厚非之也。文忠末年居京，中丞如夫人猶在，每歲首，文忠親往叩拜如禮，猶不忘本。鄭魁士卒，文忠為之請恤，重舊日同寅之誼也。

張芾守徽事蹟

先文莊以孫省齋方伯之薦，入張文毅公幕中，一見以國士相推許。庚申之前一歲，特令入京辦報銷，兼應會試，期以大用於世。文莊生平，於文毅舊誼，始終不忘云。公先以言事失職，僑寓紹興，未幾有辦理徽池軍務之命。是時皖南之寇，築蕪湖石壘為巢，蔓衍池郡，而江右廣、饒之寇方熾，勢欲相連。徽郡適當其衝，嶺隘重疊，村落殷富，故受兵尤亟。浙江大吏，以皖南為浙省藩籬，徽、寧為入浙門戶，故不分畛域，遣兵濟餉，力保徽、寧。先後令徐觀察榮、石觀察景芬、晏廉訪端書，至徽經畫軍事，猶恐未盡善，最後乃奏用公。公以五年五月十日至徽。時寇據休寧，郡城危急。公輕騎由昱嶺關馳至，指揮各軍，復休寧、黟縣，驅寇出羊棧嶺，復嶺外之石埭。公以為守徽惟當守嶺，嶺防既固，民自乂安，故令周天受築壘守之。於是招集流亡，和輯將弁，訓練士卒，撫恤瘡痍，誅鋤奸慝，護持善良，設立釐卡，勸諭捐輸。數月而人心大和，軍實漸振。兵屢出而不擾，財樂輸而無怨，實始於此。公善用人而重籌餉，先由浙江供給，改撥江西，又不時至，惟以忠義激勵將士，人咸樂為之用。有事瀕於危，以調遣得宜而轉為安者四焉。六年三月，江右之寇分為兩路，由祁門、婺源進逼郡城。公倉卒率親軍出城安營，收集前軍潰卒，兩日之間，軍聲大振，禦寇潛口，敗之。九月，寇大股由黟、休寧入。公列營七里亭，督江、周兩軍大戰五日，寇敗遁。七年五月，景德鎮之寇，由祁門、休寧間道至，公調集諸將擊走之。十年二月，池郡之寇，由涇、旌、太以陷績溪，直逼郡東，公出城，督江鎮軍，乘大雨，鏖戰兩日擊退。徽郡四面受敵，嶺路分歧，不能禁寇之不至，至而有以待之；不能保城之不失，失而旋即復之；不能必戰之不敗，敗而有以持之。四境之內，農商不失業，庠序不廢學，留心民事，用人各盡所長。部下江長貴、周天受輩，由偏裨而為大將；吳曰「富不理於鄉」，特為湔祓；張泰忠、唐仁廉自拔來歸，任以將領：咸著忠節而建功名。鄰境有事，均視如己事無異。先是，江右廣信之寇，由衢州趣金華。已，急令王恩榮往援，又使江長貴、周天受繼往，浙省獲全。晏中丞奏云「保浙之功，推為第一」，非溢美也。

十年間，所部勁旅悉調赴浙江，僅留楚軍蕭輔臣，及新降韋志俊之軍，其勤於王事，不分畛域如此。戎事之暇，培植士林，己未恩科，特為奏請，借浙闈鄉試。學使邵公，亦得舉行院試，皖南士人至今頌之。公守徽始終，五載有餘，支持危局，不遺餘力。十年春，江南大營潰敗，蘇、常淪陷，浙撫欲招至浙，共辦浙事，公以未奉朝廷命，弗肯行。及秋，有言官劾其不職，公即敘摺自劾，奉旨內召。時曾文正已任兩江總督，兼辦四省軍務，以徽事交李元度接辦。八月二十日，公去徽，越五日，徽郡陷，周天受及皖南道福咸、知府顏培文、宣城令王乃晉皆死之。徽郡之遭禍酷矣，以張文毅之綢繆五年，而卒不終受其芘，殆有以取之。先文莊在戎幕，身親其事，時楊濠叟亦在幕中。文莊會試房師濱石先生，咸豐壬子一甲二名進士，官太常寺少卿，久直南書房，與濠叟為兄弟行，在會榜之前不之知也，然同寮極相得。濠叟之言曰：「徽郡之禍未有艾也。郡人喜傾陷，尚財利。其言利也，雖父子兄弟間，必析及毫芒，自詡不苟且。餉捐之數雖多，皆迫於勢，而國家之官階、庠序之學額、紳董之優敘，猶足以相抵，未見有慨舍其資不責報而為德於鄉里者。宿師數萬，先後六年，軍營成市，藉之為利者甚厚。軍中所領之餉，仍靡之於徽，故徽郡名為匱於捐輸，實則增其居積。蘊利生孽，一朝潰決，將不可止。」未幾，果有庚申八月二十五日之事，濠叟之言驗矣。

花鼓會吳老銘浪子回頭

花鼓會，賭錢戲也，今上海盛行，謂之「花會」，害人至死，不可勝計。實出自徽，土人疾之，謂之「花鐙蠱」，與閩粵之花會略同。得雋者以一贏三十，愚人以為失僅一而得則三十也，爭趨之。夫三十而中一，甚難之勢也。業此者欲人財之聚也，偶露其倪，時令獲中，故欣羨者不可遏。道光之末，起於績而盛於歙，山村水堨設壇場。聚游手，隱屏而為之報信者，謂之「走水」，交馳於道，數十里內，呼吸通也。徽人嗜利，自士大夫至鄉民，靡不染其習。婦女在深閨，憑「走水」代射，或暮夜乞靈於淫昏之鬼。富者喪貲於無形，婦女迷惘失志，憤而戕生者，比比皆是。親戚朋友互相排斥，怨深水火，風俗大壞。

其最著者曰吳老銘，即吳曰富，績人也，自名豪健，不吝於財。棍猾附之，窮困之士亦從之，惟紳富之慳鄙，不能飭其子弟婦女者，疾之如仇，揚言其謀逆。於是郡守達秀擒而置之獄。

至粵寇逼嶺，議募勇集團，徽人匡怯且吝嗇，莫可與計事者。有潘學陶者，以全家具保，請於郡守而出之。紳富洶洶騰謗，而寇已破祁門，至黟邑。吳出獄，即號召其人數千，成軍出禦，驅寇出羊棧嶺。有功，謗稍戢，然花鼓會不能禁也。至咸豐乙卯春，浙江所遣之徐觀察榮禦寇死難，都司江長貴受重傷，吳老銘之勇敗散，而郡城失守。郡人程葆以新授廣東肇慶知府，道經浙江，浙撫奏令回籍辦團，吳老銘之散勇暫歸之。迨張文毅至，一郡人疾吳如疾寇，恐其復用。文毅面諭之曰：「爾之子弟婦女，何不自教飭，而怨他人乎！吾聞吳尚能率勇禦寇，不若巨富之惟以饋獻為事也。」郡人語塞，乃復錄用之，令其部下禁絕花鐙蠱。吳雖粗材，頗義俠，財不入己，奉文毅之令惟謹，其援浙尤有功，善戢士卒不擾民，殺賊奮勇，紳富漸與相安，不復騰謗，而花鐙蠱亦遂熄矣。八年冬，援浙回，以病死，已擢副將，死之日，惟一故妻守喪，子幼，家無餘財。

祁門失陷經過

徽郡四面嶺隘，嶺內山路崎嶇，百道岐出，善防之，外兵無由入，實易守也。寇之始入也，由祁門之大洪嶺。邑令唐治，賢吏也，忠義奮發，繕守禦，得士心。祁邑向不修城，修城於西鄉不利。寇逼嶺外，議築城以守，紳士洪小蒙等集其事。鄉頑程獅者，執不築城之說，與官紳為難，率眾毀洪小蒙家，拆城牆二級。唐令怒，擒而誅之。獅妻衰麻赴安慶，泣訴於寇帥請兵，遂導之入嶺，於咸豐五年二月破祁門，唐治及巡檢鍾普塘死之。

黟人斂財無義

粵寇據安慶，又據太平府，築蕪湖石壘而守之，遊弋於池州諸屬。其豔徽州之富饒久矣，顧限於嶺隘，不知路徑，不敢遽入。既徇程獅妻請，入祁門，又至黟境，為吳曰富即老銘之勇逐出，益知嶺內路徑虛實。黟人平日素賈於省城，寇據省城，黟人之賈如故，與寇甚習，導寇入黟之羊棧嶺，而為之居間。黟富集巨貲以饋獻，蘄免淫擄。已而寇受饋獻仍淫擄，遂破休寧，入郡城，皆不免於饋獻，實無救於事也。及張文毅初莅徽，令助餉勸捐者，猶以此為藉口，富戶始有所愧，慴而不敢抗。商賈嗜利，不恤其鄉；紳富戀財，乞憐於寇。古人言徽人必有抱金而死者，信矣。

石景芬、鄧紹良保徽始末

石詠齋觀察景芬以御史簡知府，丁憂起復過浙時，上海奸民倡亂，戕官據城，逼近浙境。巡撫黃宗漢知觀察之能，即令率兵，會江蘇巡撫吉爾杭阿之師復滬城。咸豐五年二月，粵寇陷徽州，浙中大驚，蘇撫何桂清，急遣觀察率滬上得勝之師取徽州，授金華府知府。四月，寇復入徽，連陷休、婺、黟、祁。浙撫又遣觀察赴援，並奏請張文毅督剿，連復各縣，驅寇出嶺。時侍郎沈兆霖奏請暫設皖南巡撫，部議改安徽寧池太廣道為皖南道，增設皖南鎮總兵，得會銜專摺奏事。文宗嘉觀察屢著戰功，特授為皖南道，以江長貴為總兵，同駐池太之間，與張文毅協力防剿，圖攻蕪湖石壘，以斷寇江上往來之路。攻青山失利，方謀再舉，何桂清遽劾罷之。觀察為人，強直自遂，好文愛士，待若子弟。遇時俗之士，則嚴肅峻冷，不稍假辭色，見上官，直言不遜，人多惡之，是以被劾。張文毅初至徽，練勇五百人，以杜時升為之長，左右無他將才也。觀察慮兵單，文毅並所練勇與之。愛護如此，竟不能用盡其長，文毅惜之。

及觀察既劾去，鄧介槎觀察瀛繼為皖南道，勸率士民，同心禦賊，任用能吏袁青雲為宣城令。近與留防之鄧紹良和衷共濟，而遠聯徽防，與文毅互相聯絡。浙撫晏端書，其會房所取士也，深知徽、寧為浙省西南蔽障，故取求必應。故七、八兩年強寇壓境，卒能自守，民困稍蘇。自胡興仁為浙撫，以為浙中自謀不暇，弗為鄰境調兵籌餉，浙吏又視寧臺為利藪，候補道許烺營得之，而餉不時至，主客交訌。時鄧紹良已戰歿，代者鄭魁士。魁士尚氣，以餉之不繼，恨甚，參奏浙撫所用非人。得旨鄧觀察解任，許烺撤糧臺差，交總督何桂清質訊。旋以福咸任皖南道，浙省以孫省齋觀察代許烺，並請罷鄭魁士而代以周天受。未幾，浙撫胡興仁去職，楚藩羅遵殿代之，屢經更張，事益棘手，不可為矣。先文莊在徽營久，見鄧觀察所致文毅手書，月必數至，爾雅懇摯，計畫多中事情，藹然仁者。文毅心折焉，每得書，必嘆其忠，恨不與共晨夕。旋起旋躓，固屬不幸，然奸詐庸劣之徒，亦未有幸免焉者。死生成敗，固時與命為之也。

李蒓太守任糧臺

李新塘太守蒓，由進士授編修，陟卿貳。為奉天學政，以言事降調，出守九江，回避為徽州，與林君廷選對調。四年春，粵寇擾徽，太守適至，崎嶇軍旅間，郡城空虛，鄉勇恣橫，花會盛行，為害歙、休、績三邑最甚。餉無所出，捐無可集，紳富袖手，士民騰謗，太守以清華之質，處此境地，如墮塵網，悄然不樂。張文毅至徽，太守為翰林前輩，求謝府任，他事惟命。文毅乃與要：若能任糧臺者，當為請於督撫，乃得開缺，而林廷選復任云。太守之解職也，人咸目為畏葸，不嫻吏治，太守但聽之。及至專任糧臺，厲精為之，黎明即起，率屬綜核庶務，竭力奉公，發付各營，調劑緩急，均平和協，無不悅服。其治文書，雖冗繁雜遝，一覽不再視，而曲折洞然，過時能誦，莫不驚服。私財用之不吝，一涉公款，無絲毫苟且，洞察物情，下不敢欺。治事二年餘，積勞成脾洩病。七年秋，卒於徽州。所任用者沈鳳才、沈起鶚、程亦陶等，皆著能名。

李蒓之幹部皆有能名

沈鳳才，字五樓，當塗人，以貢生為績溪訓導，敏練多能，洊保直隸州知府銜。文毅離徽，鳳才即入都謁選，選甘肅階州知州。履任後，適粵寇啟逆、川寇蔡二順同時竄陝，路過，城陷殉難。沈起鶚，字薦廷，石埭人，以浙江縣丞，隨晏中丞來徽，留派糧臺，練達誠篤，同列倚之。補浙江海鹽縣知縣。程亦陶後官浙江知縣。先文莊在徽營，自太守以下，諸君皆與共事，故知其詳。

顏博洲敏捷詳練

張文毅再起，先至廬營，見福元修中丞。往臨淮見袁午橋統軍，袁故親家也。途中見統軍所張告示而美之，知出顏博洲培文手，遂乞於統軍，延入幕府。文毅倉卒受事，左右無多人，惟先文莊與楊濠叟、顏博洲、王慶三等諸人。慶三司雜事，濠叟司文案，其軍務則惟文莊與博洲任之。行至昌化，招勇五百人，博洲坐昱嶺關口，執冊點之而入。至徽郡，駐新安衛署。時文莊與濠叟、博洲同住廳事旁，事無巨細，無不聞知。文毅於清晨起治事，見屬官、紳士諮諏籌度，送客出，即入廳旁，令辦所言事，有時同客入，謀議盡善，屬稿、畫諾、發行，不逾晷刻也。濠叟通《說文》，善篆書，學問為一時儕輩之冠。博洲於事敏捷詳練，策寧郡餉事，條舉一歲之出，至纖至悉，上之文毅，請函告皖南道鄧公商之。濠叟笑謂博洲曰：「吾輩行與君別矣。」博洲愕然。濠叟曰：「此函去，鄧公有不檄君為助者乎？」既而，果然。博洲握篆未久，寧郡失守，未幾克復，仍署府事，久之即真。十年八月，寧郡再陷，死之。博洲在郡，任用能吏袁青雲為宣城令，上承鄧公之教。粵寇逼境，悍將鴟張，君調和其間，支撐數年，民兵相處，不致決裂。其心力良苦，卒無救於城陷，則時勢為之也。

孫成鑑畫心民事

孫鏡潭太守成鑒，以吏員升補貴池縣知縣。當道光年，大江南北縣令之所倚者，曰「南漕北賑」，浮收之弊，猶取民之餘，賑則攘民之不足，捏報災數，領款抵虧，以救百千萬飢民之資，救一吏之家，上下視為固然，此亂前之積習也。皖省之池屬，於前歲困於水，太守令貴池：遇水將成災，先至各鄉，遍查戶口，分上中下造冊，核定賑數，白大府請賑。賑銀既至，以銀數曉示境內，按災冊所列各鄉飢戶分銀，喚熔工鏨銀，分包標明發某鄉、某董分賑。隨將飢口名數、賑銀兩數、某董名姓、限某日發完書榜，給各鄉張貼，十日而事畢。凡因賑事所用，置冊、登記、開銷，即申報撫藩。大吏嘉其速，為發續賑銀三千兩，因其實惠及民也。至粵寇擾江介，池州府陳源兗在廬州殉難，太守以貴池令兼攝府篆。張文毅時在徽，來謁，且以一冊呈覽。視之，則池郡紳士之賢否、商民之貧富、宿棍之出沒，並與粵寇相通、民間隱事，無不畢載，其盡心民事如此。

曾、胡、李遇合之源

李文忠封翁，曾文正講學之友也。李翁故後，文忠所如不合，嗣以故人之子，得入曾軍。觀文正手書《日記》，視如李次青方伯之流。英雄賤日無殊乎眾，固不足異。祁門之役，張文毅投劾去，文正將之徽州受代。幕府諸人咸尼其行，而令次青方伯往，未幾，果敗。文正疏請治罪，眾爭之力，不可，乃以去就爭。文忠辭曾營，而就其兄勤恪公於江西某知縣任所，途過益陽胡文忠軍，見之且告之故，益陽曰：「君必貴，然願勿離滁生。君非滁生，曷以進身？」對曰：「吾始以公為豪傑之士，不待人而興者，今乃知非也。」拂衣起，歸寓。束裝將行，益陽之使適至，挽之回；不許，強而後可。留飲數日，絕口不談前事，盡歡而別。文忠在江西，簡福建遺缺，道阻兵，進退維谷，聞文正克安慶，馳書往賀。文正報書云：「足下行蹤亦頗突兀，昔祁門危而君去，今安慶甚安而不來，何也？」前輩口傳如此，與今本曾集微異。文忠得復，遂回曾營，文正特加青睞，於政治、軍務，悉心訓誥，曲盡其薰陶之能事。

時先文莊至皖，見文正，文正稱為「皖北人才」，著之《求闕齋日記》曰：「氣象崢嶸，志意沈著，美才也。」退見文忠，文忠曰：「吾從師多矣，毋若此老翁之善教者，其隨時、隨地、隨事，均有所指示。雖尋常贈遺之物，使幕府皆得見之，且詢其意，是時或言辭，或言受，或言辭少而受多，或言辭多而受少，或取乎此，或取於彼。眾人言畢，老翁皆無所取，而獨抒己見，果勝於眾。然後心悅而誠服；受化於無形焉。」未幾，文正薦文忠為蘇撫，飛皇騰達，盛極一時，勳業幾加文正之上。天津教案，繼文正督直，新舊交替，同居督署中。一日，談笑極樂，文正謂文忠曰：「我遇困境，咸賴汝繼。汝才勝我，我聊以自解者，汝究為我所薦也。祁門之別，益陽來書云『李某終有以自見，不若引之前進，猶足以張吾軍』。今思其言驗矣。」觀此，可想見曾公之雅量、胡公之遠見、李公之奇氣，而三公遇合之跡，亦可略尋其源。

李鴻章與九華寺僧

李文忠居乃兄知縣署中。一日，遇九華衲子於友人所，善相法。見勤恪，曰：「貴人也，不十年，當任方面。」繼見文忠，曰：「貴不可言。令兄之貴，胥由於公。」歸而告母，太夫人大喜。次日，使贈以貲，再詢其詳，則已行矣。及文忠入閣辦事，居賢良寺。九華某寺僧至京，請藏經。余家僕媼輩多為九華舊香客，素與寺僧習，夤緣而至文忠所，為之求書。公呼寺僧至，問以衲子所在。寺僧巧言善訣，承文忠意曰：「此地藏王菩薩化身也。」文忠樂甚，親為灑翰，且命賢良寺主持僧為之上下關說，得早領經以去。

李鴻章與左宗棠、彭玉麟皆不協

左文襄勳業，以幕客時為始。文襄在軍，距曾軍數十里程，間日跨馬而來，文正輒盛設饌食以待，謂大烹以養聖賢，重之如此。文襄善啖而好談，入座則杯盤狼藉，遇大塊用手擘開，恣意笑樂，議論風生，旁若無人。偶與辯勝，張目而視，若將搏噬之狀。稱人必以其名，惟於文正則敬之稱字。一日，言事有異同，文正出句云：「季子自鳴高，與我心期何太左？」文襄對曰：「藩臣身許國，問君經濟有何曾？」以名對字，偶一呼名，所謂箭在弦上，不得不發也。李文忠時在文正幕，輒不相下。曾軍湘人為多，值彭剛直來謁，譏評之中，忽涉皖籍人士。剛直尊人久任合肥青陽司巡檢，文忠反唇相稽。剛直遂用老拳，文忠亦施毒手，二公互毆，相扭撲地，座客兩解之，乃已。文忠與文襄、剛直始終不協，今文忠《朋僚函稿》，於捻事，言及逆首張總愚，輒云「太沖非其對手」，於西事，頗責其誤國甚於崇厚喪地。文襄家書，詆淮軍等於捻匪。讀者殊以為已甚，不知二公時宣於口，較之筆諸書者為更甚，而靦面之辭，則其尤也。蓋文忠皖人，性情坦直，以率性為道；湘軍自講學而起，修道為教，不免有許多勉強之處。至於道之大原，則一也。

李鴻章早年虛報戰功

虛報戰功，為隨營刀筆之慣技，匪特不肖者為然也，雖賢者亦有不免焉。《李文忠集》中奏議、函稿、電稿之屬，當時抄錄，早自分類。所謂吳摯翁編者，特已然之跡耳，而事後刪潤之處，頗有端緒可尋。同治間邸抄，文忠疏稱李秀成死者，一再而三，此豈小故也哉！當文忠未至蘇時，曾文正置於乃弟忠襄軍中一載，練習軍事。嗣後文忠謂人曰：「吾以為湘軍有異術也，今而知其術之無他，惟聞寇至而站牆子耳。」蓋時時設備，乃湘淮立軍基礎，固異於文忠初辦團練時，專以浪戰為能也。及陳報軍情，軍中幕客令文忠秉筆，一揮而就。時主稿者為半通之學子，閱之不以為然，大加刪改。文忠貴日，輒述及之，曰：「吾武事弗如也，而謂我握管行文，乃不若彼耶！」蓋文忠之文，素有奇氣，難免有鋪張之處。不通文法者，或反以為近於虛報，致成笑柄耳。

學者進身知愼

道光末年，時南人冒北籍者多，得第之後，好為大言，訾北人之無學。某君得高第，輒云：「北人焉能至此，惟恃吾輩冒籍者為之增光耳。」北人憾之，相約中式之後，不為出結會試。潘中丞應道光庚戌科會試，文已入選，因詞氣勃發，為房官某所指摘，疑非冀士人士手筆，乃黜。中丞自是憤不應考。次年，先文莊納粟入監讀書，登辛亥科北闈鄉榜，嗣參張文毅公幕於徽州，粵匪事起，以道途阻隔，屢誤會試之期而不往，至庚申始成進士。時中丞方領鄉團與賊戰，聞之不覺淚下。當時重科舉，學者於進身之階，猶知慎之如此。

高心夔朝考詩出韻

湖口高碧湄大令心夔，先文莊庚申會榜同年生，久館故尚書肅順家，待之厚。庚申殿試，肅順方握大權，素愛才，以大令為國士，必欲得為狀元。試前密詢之曰：「子書素捷，何時可畢？」大令曰：「申酉間其可。」至日，屬托監試王大臣，於五句鐘悉收卷，以工書者必遲未訖，則違例列榜末，大令可必得第一。然事出意料之外，未滿卷者多至百餘人，概置三甲，大令竟在其中；而仁和鍾雨人學士素不以書名，竟擢一甲第一名。大令先以己未會試中式，覆試出韻，置四等，停殿試一科。至是朝考，又以詩出韻，置四等歸班。其出韻皆在十三元。湖南王湘綺嘲以詩云：「平生雙四等，該死十三元。」說者以為有時運焉。

劉秉璋殿試得二甲第八名

先文莊不重楷法，會試中式以後，前輩見其卷楷勻整，輒許曰：「可望二甲。」故事，殿試前十名，原卷進呈御覽，傳臚之日，必親往聽命，或幸而移前，不然，以違例論，亦置三甲末。劇中言：有陰德者，始或屈辱，已得第而猶未覺，忽聞報到，舉室生輝，故作驚人之筆以為快。然其次第，輒言皇榜第八名，以一甲第一至二甲第七之前十名，不能迨後始知也。演劇雖戲事，編者點綴成真，苟出乎例外，則近於兒戲，無人信之矣。庚申臚唱之日，因文莊自揣不在前列，偕友出遊西山。歸而往詢，正二甲第八，僅差一間，免至三甲末，亦云幸矣。

勝保擁兵養寇

勝保頗有戰績，然擁兵養寇，為自固之計，與漢唐季世將帥同一惡習。幸當中興之世，湘淮子弟材勇輩出，又皆儒臣統兵，為之表率。益形末路旗營之劣，而無以逞其奸，遂為士夫所不齒。尤其罪狀昭著者，業經逮問治罪之時，仍以疏請垂簾，自居擁戴之功，膽敢上章自訴，為嘗試之計。給事中趙樹吉請速誅之。御史吳臺壽，乃其黨也，為之申辯甚力。御史劉其年旋劾臺壽欺罔，並及其兄山東候補道吳臺朗貪緣肆惡。同治二年四月，俱奉旨褫職，軍政為之一肅。劉侍御疏，為南皮張文襄少年手筆。是歲文襄舉進士，廷試第三名，始露頭角。

英翰之幸

湘淮軍外，豫尚有宋忠勤之毅軍、張勤果之嵩武軍，皖則自鄶以下矣。英果敏部下，如史繩之中丞、程從周軍門、牛師韓總鎮，皆著稱於時，論其功績，尚在若有若無之間。軍營習氣，賊去則虛報戰事。果敏所當者捻匪，行蹤飄忽無定，其擊走與自走本無分別。幸未逢勁敵，得以功名終，亦云幸矣。

合肥官團鄉團功業之盛衰

英果敏任合肥縣時，倚鄉紳解某，渾名解五狗子者治官團，同時，李采臣方伯率西鄉諸圩治民團，實為淮軍之先導。官民分兩黨，各不相下。李部健將，其後有銘、盛、樹、鼎四軍，隸李文忠公麾下，同時鄉曲悉被引用。解部因有宿怨，患不相容，故莫之從。洎先文莊出為將，始招至軍。其著者曰解先揞、曰解向華，皆戰死；曰黃桂榮，以傷廢；曰吳武壯，仕至廣東提督；曰王占魁，仕至廣東高州鎮總兵；曰葉志超，仕至直隸提督。功業盛衰，則有幸有不幸焉。

淮軍起於築圩自衛

張靖達與弟勇烈居於鄉，粵寇過境，鄉人咸築圩練兵自衛。寇眾大至，悉眾入堡，以死堅守。賊不能久留於小邑，往往為所拒退。寇去追殺，每獲輜重、俘殿兵，以論功邀賞，有名於時。同時有周剛敏、武壯昆仲，及劉壯肅之圩相近，守望相助。潘琴軒中丞為贅婿於青陽司巡檢署，隨至廬州府，行無所歸，因從李采臣方伯辦民團，所謂吃大鍋飯者也。

葉志超以戰得妻

淮軍自團勇起，寇至則相助，寇去則相攻，視為故常。葉曙青軍門時為解家將，每戰勇冠其曹。一日途遇一女，羨甚。解慰之曰：「汝戰若再捷，吾為汝致此。」乃奪而與之。既而知女與張靖達昆仲為中表妹，公然不懼，惟不通往來而已。軍門既通顯，復為姻婭如初。

曾胡善相

援蘇之師，早有動議。是時鎮江、上海兩處，一省中較為完善之區，未決何途之從，主將人選，亦不能定。先是益陽胡文忠為曾文正謀曰：「用李氏兄弟中一人為兩淮運使，以攬鹽利。」益陽意中，猶惑於馮子材之言，重在鎮江也。及李文忠虹橋之捷，文正聞之，喜可知也。復文忠書曰：「昔見君行楷，以為必貴；胡文忠以許負相人法，亦謂『君必貴』。今果然。」

湘淮軍蟬蛻之始

程忠烈初陷寇中，自拔來歸，妻子皆為寇殺，京戲中鐵公雞隱指是事，而以張忠武當之。忠烈反正之後，戰功雖著，當是時，湘軍之鋒甚銳，雞犬皆有升天之望，客籍混入其中，頗難出人頭地。適李文忠率淮軍東下，求將才於文正，忠烈為桐城籍，乃以其軍隸焉，且勖之曰：「江南人愛降將張國樑不置，汝往，又一張國樑也。」湘潭郭武壯為忠襄愛將，以勇冠其曹，中同袍忌，蜚短流長，頗有謗言。李文忠常戲曰：「某與某爭功歟，抑爭風也？」旋請於文正，以之自隨。華陽楊忠勤，不得志於霆軍。鮑忠壯與李文忠，同以羈旅在湘軍，互相引重，交誼頗篤，援蘇軍起，薦忠勤往。文正又以親軍二營佐之，當時所謂贈嫁之資者是也。其後程軍獨樹一幟，郭、楊二將，先從文忠介弟季荃觀察為裨將，既而與淮將銘、盛、樹、鼎四軍合力排觀察去，諸軍皆自立，不相統屬。論者常哂之曰：「銘、盛、樹、鼎猶鳥也而無翼，今得郭、楊以為之翼，於是乎飛矣。」湘淮蟬蛻之形始此。

泗涇及四江口之役

泗涇之役，寇眾倍蓰於我，程忠烈之軍困於中，敵圍之數重。未幾，援軍四面大至，內外夾擊，大捷。四江口之役，情形相似，惟程忠烈自外入為稍異。兩役士卒曾陷於圍中者，厥數無多，其所以能支持許久，以待救兵者，未始非鄭國魁之功。國魁故為梟，蘇梟皆盧州籍，是時多從寇，與之相習，本無決鬥之志。寇將渺視我軍之微薄，可不勞而獲，督戰亦不力。古人所云「一可以敵十，十可以敵百，百可以敵千，千可以敵萬者」，胥有所以然之故，非盡一與一相當，不兩立之情也。

劉秉璋後與李鴻章不相愜

李文忠與先文莊舊為師弟，文忠奏調至軍疏曰：「劉某沈毅明決，器識宏深，與臣為道義交，十有餘年，深知結實可靠。該員去冬由安慶經過，督臣曾國藩一見，大加器許，謂為『皖北人才』。臣今統軍來蘇，曾國藩允為奏調臣營，學練軍事，昨又函催臣自行奏請。可否飭赴臣營，酌量委任。」上許之。觀此可見平素之好。然觀文莊在淮軍，與文忠意見殊不能相愜，曾、左二公，反時露招致之意。江浙肅清後，文正擬令統老湘營；東捻平後，文襄擬奏保為晉撫：皆辭勿就。文莊常曰：「老湘軍已成之局，晉省偏西之地，是時無重要軍事，不能舍易取難云。」

淮軍福山之役

淮軍與寇先戰於上海，三戰皆大捷，威聲甚振，進規蘇州。程忠烈率開字營，向崑山一路。李季荃觀察率大軍，與周氏昆仲盛字營，向太倉一路。銘、鼎、樹三軍人數無多，駐浦東，防浙寇，備後路。先文莊募軍征浙西，方集兵力，未任戰事。是冬，常熟寇將駱國忠、國孝兄弟，皖籍也，以常熟、福山降。李秀成集江、浙兩省寇眾，圍攻常熟不下，別遣兵自江陰，復陷福山，絕其通水之路。文忠以常勝軍配先文莊，載以輪船三艘，溯江往援。當是時，華爾已去，戈登未來，統帶未得其人，叫囂不聽令，歲終中道而還，文忠患之。適潘琴軒中丞及劉壯肅、張勇烈三人至滬賀新歲，文忠令各分兵千人趣救，使黃武靖率淮陽水師翼之以前進，文莊仍護之行。

登陸集眾，議攻取。壯肅曰：「賊脆弱不經戰，直前搏擊，擒捕鼠輩耳。」中丞曰：「取福山守兵易，禦常熟援寇難，不若翻牆子之為便。」「翻牆子」者，先築一壘守之，再前築一壘，移後壘之兵於前，更調兵守後壘，如是者迴環不已，直向敵壘而進，立於不敗之地，古所云「步步為營」者是也。壯肅曰：「吾當援寇。」中丞曰：「公戰不勝，吾屬危矣。」壯肅曰：「吾不克援寇，而能歸見公耶！」乃戰。常熟援寇果大至，壯肅敗退，寇出鼎、樹兩軍後，沿堤漫野而來。兩軍屢經大敵，雖腹背受攻，殊不懼怯。勇烈奮身出戰，肘中流矢，督兵益力禦。文莊自與潘中丞並馬，率健兒數十騎，由敵兵密集處衝出。方離敵營，中丞一僮墜馬大呼。中丞略駐馬足回顧，叱曰：「上馬！」乃挾之還。遇壯肅於途，作蹲地喘息狀。文莊哂曰：「省三胡不打？」壯肅曰：「打一箇鳥。」此合肥土語也。鼎樹兩軍，皆自圍中拔出，故死傷獨夥。寇多相識，亦調自浦東防地，與官兵遇，輒唾曰：「奈何復遇於此？」未幾，戈登率炮隊至，轟福山城，傾一角，寇驚懼遁。我師追之至謝家橋，福山、常熟相距四十里，此其中道也。寇忽築營牆，我軍略頓，亦自為壘。夜使人探，則牆僅一面，作新月式，為掩蔽逃歸之用，寇已盡走。探至常熟止，則數萬之眾一時皆走。寇眾徵自江、浙各地，時左文襄在浙連克各城，寇不得不還自救。觀此，乃知曾文正督辦四省軍務，以左文襄援浙，李文忠援蘇，沈文肅撫贛，同時並舉，使寇首尾不能相應，乃善策也。是役諸將同里閈，皆能同仇，師克在和，故能以少擊眾而獲成功。

張勇烈果真勇烈

張勇烈以勇著，靖達善謀，相得益彰。當團練時，常隨官軍追寇於太湖，寇忽反攻，為所乘，勇烈大呼曰：「吾兄若弟，吾輩將束手就縛乎！從吾者來。」乃馳入寇軍，決死以鬥，寇走避，乃反敗為勝。福山之役，劉壯肅以斷寇援兵自任，既而不能，我軍半陷圍中，勇烈大呼如前，未幾，中流彈。是時，先文莊盡護諸軍而行，文忠奏報中，皆言「據編修劉某函稱。當倉卒之中。漏未之及，勇烈終身以為憾云」。

淮軍太倉之戰

李季荃觀察軍至太倉，寇將蔡元隆降，居間者為吾鄉黃某。元隆要索另編成軍，給都守、千把等職，且切詢事上之道。黃某以「拜門」勸，元隆曰：「『拜門』奈何？」黃某曰：「汝有物則獻之，汝有財則與之。」元隆曰：「如是焉爾？」黃某曰：「諾。」次日，官軍以賞賚之冠服往，使黃某賚至寇營。見甲寇戲以頂戴強加於乙寇之首，乙寇棄之於地。會丙寇經過，觀之，又掇起，欲試諸丁寇，丁寇逃走不受，其餘之寇競取冠服，互相戲謔，略無誠意。黃某貪利忘害，自鳴得意，歸弗以告。至受降日，觀察整隊出迎。至一箭之遠，聞敵隊中有人遙謂之曰：「但患汝逃耳。」始知其異，而敵已殺至，措手不及，大敗奔還。寇自後尾追，士卒死者七八。觀察左右之童子軍，皆幼弱未成年，從不給餉，是役死傷略盡，器物遺失無算。文忠聞報，調開字營軍往援，令先文莊監戰。文莊馳抵太倉，程忠烈甫至，促之進擊。忠烈曰：「李觀察已不能軍，我隊伍未齊集，不敷分布，且宜有待。」文莊曰：「李觀察雖失利，自將弁以下，恥為賊所賣，急於一試，足當一路，願公勿疑。」忠烈許之。翌日攻城，寇甫接戰即遁，遂克太倉。

先是，程忠烈致李文忠書，言李觀察軍死亡四五千人，文忠見文莊而問焉。文莊笑曰：「殆有千百。」文忠調侃其弟曰：「或言四五千，或言千百，是大敗也，不可諱飾。」觀察退謂文莊曰：「吾未向公乞燒埋銀兩，何誣至此？」文莊曰：「如其為誣，則言四五千者，大誣也；言千百者，小誣也。吾今小巫見大巫矣。」吾家與李氏世有交誼，文莊與觀察，少同學於李封翁。一日，觀察襲抄舊文，為封翁所知，呼之前，至，將扑責之，文莊亦隨至而為之請，會封翁有客來，乃免之。觀察與文莊夙相好，戲狎無忌，故問答如此。

劉秉璋不肯鋪張戰功

太倉捷書至，文忠讀之喜，謂文莊曰：「殺寇數萬人，可以償吾將士之命矣。」文莊未答。文忠復問之，文莊曰：「吾方思所見，吾於南門坡下見一寇逃未出，死於途。他無所知，不敢誑報。」文忠笑置之。蓋軍營報告本不足憑，敗後鋪張勝事，為免罪圖功之計，尤為慣技，亦文忠所明知也。其後湖州之役，文莊身當前敵，不肯輕戰。嗣後路軍隊布置齊備，無隙可乘，始進兵攻城。寇先棄城遁，李質堂提軍尤之曰：「公若早發一炮，即可報捷。」於此，可見當時習氣。

淮軍劫掠蘇城

八降王既誅，寇黨驚擾，與官軍混戰。奈渠魁已死，如蛇無首不行，乃應手而滅。士卒乘勢劫掠，滿城大亂。文忠呼程忠烈字責之曰：「方忠，汝自謂紀律佳，今若何？」忠烈騎馬出門，遊行街市，欲以定眾。遇其部下營官，行於橋上，左右手各攜一婦。忠烈愧極，下馬，憑橋欄呼曰：「吾投水死矣。」營官急挽之，且長跪謝罪，乃已。

李鴻章與丁日昌之藏書

蘇城劫後，古書舊本，悉歸丁雨生中丞持靜齋，而以殿板《十三經》、《廿四史》、《九通》、《佩文韻府》、《淵鑒類函》、《駢字類編》、《全唐詩》《文》之屬，悉輦至李文忠處。中有碑單張四篋，或告文忠，言文字多泐，薦某甲善於描補，終日為之整治。識者見之，毋不匿笑。謂文忠與中丞相提並論，有雅俗之殊焉。然文忠於賞鑒非其所長，縱有誤解，亦君子之過，不足為盛德之累。中丞收藏，頗有言其「取之非其道」者。即以藏書一端言之，固不宜與文忠相提並論也。

丁日昌與劉銘傳之糗事

中丞以知縣失地褫職，投效蘇營，不數年，薦升方面。蘇人以其熟於洋務也。俗謂外人為「洋鬼」，遂稱為「丁鬼」。劉壯肅將遊惠山，是時大亂初平，女尼極盛之時也。中丞聞之，正色曰：「公以提鎮大員，乃有此行，毋乃為人所哂。」壯肅怒且笑，呼其字曰：「雨生，汝胡忽作此言？汝初至軍時，日以西洋春冊贈吾偏裨，獵取保案，而忘之耶？胡忽作此言？」當時軍中傳為笑談。

丁日昌投機不售

中丞洋務進身，購置軍中器械，尤為炫人之具，當時風氣未開，信為難能而可貴。淮軍初習陸軍操法，先文莊曾手訂成書，附圖一卷，所部親慶軍中，奉為秘籍。輾轉而為中丞所得，刊布於外。軍中知其剽竊，然以為無足重輕之故，莫與爭也。未幾，神機營改用新法，徵求是類之書於李文忠，中丞裝潢以獻。文忠夙知此事，笑而謝之。中丞變幻僅止於此，久而其技不售，宦途中殊不得志，復獻策移江南製造局於江西湖口，希為贛撫。一日，執邸抄於手讀之，見先文莊簡江西布政使，自知無望，嘆而棄置不觀，未幾遂卒。

淮軍常州之戰

《漢書‧韓信傳》：「信擊魏，陳船欲渡臨晉，而伏兵從陽夏以木罌渡河。」服虔曰：「以木柙縛罌缶以渡。」韋昭曰：「以木為器，如罌缶也。」師古曰：「服說是，『罌缶』謂瓶之大腹小口者也。」按，服韋二說皆是也。以木作桶，如罌缶形，入水能浮；用木為柙，約而聯之，蓋之以板，則如筏矣。常州之役，李文忠親在行間，介弟季荃觀察為主將，郭武壯當前敵。寇因蘇州之殺降，誓死以守，環攻不下。戈登率常勝軍至，以巨炮轟擊，城西北角陷一罅，城濠深不能渡。戈登令工程隊出大鉛筒，如枕之形，長丈許，圍約二三尺，加板於上，廣如其筒之長，如是數十具，兩邊各有鉤環。先推一片入水，繼以一片鉤搭相連。鉛筒入水有浮力，推之轉動如轆轤，直達彼岸為止，以當浮橋之用。郭武壯率師將入，守寇殊死戰，我軍敗回。城中以土石塞缺口，備禦益堅。適先文莊至，聞之，謂觀察曰：「吾為公懸賞：先登者得勇號、黃馬褂，可乎？」觀察嘆曰：「孰無是二者，而誰肯盡力耶！」入見文忠，文忠曰：「得人者興，失人者衰，程方忠死而士氣餒，甚矣。」文莊曰：「是何言歟！公自能軍，傳一令下，『明日必克』，孰敢不從。」文忠召程忠烈部下劉士奇、王永勝至前，問曰：「而以程方忠死而不力戰歟？」皆對曰：「未奉命故也，其敢不從！」翼日，二將各執一旗，上書「不怕死」三字，隨常勝軍浮橋而上，遂克常州，擒陳坤書。方事之殷也，赫德自上海往見。文忠引至戰帳，甫坐，股慄不止。文忠笑遣之，而時向人言及，曰：「謂西國人人能戰者，非通論也。」觀此而知古人所云，人各有能有不能之說，益信。

淮軍嘉興之戰

浙西之師，先文莊與忠烈各當一路。文莊率師自松江行，即今之滬杭鐵路線也。連克楓涇、西塘。至張涇匯，值巨港，兵不得渡，自往陣前視之，中流彈。將士奮往，卒克濟師。嘉善、平湖已在掌中。平湖寇將號陳翹胡子，乞降，文莊自率軍與鼎軍往受之。嘉善寇將號陳三木匠，降於程軍部下之華字營。遂至嘉興，軍城東南，程軍西北。忠烈與文莊約：晨取要隘，日午攻城。文莊先得要隘，按兵未動。至日昳，忠烈軍始近郭城，寇憚其炮火之猛，悉力拒戰。文莊乘虛而進，前鋒黃桂榮相視城磚微迤之處，斜步直上，諸軍繼之，後至者梯而登，乃皆入。我軍有淮揚水師，水陸並進，城河深者，令之渡師。先一日，水師舳艫相接以待。忠烈戰不利，咎其不便於行。水軍主將李質堂軍門變陣容，船首行列如平地。程軍欲前，城上投槍彈矢石甚盛，仍不得進。及東南陷，寇奔出，忠烈大喜，衣黃馬褂，督隊將往。疑城未破，恐中奸計。軍壘之上，本留一孔，常以覘敵，因立其間以視之。寇未及去者，群見而射擊，中其顱，未幾傷重，遂卒。是役雖戰勝，失一大將，如忠勇公多隆阿之於盩厔。可以死，可以無死，死傷勇焉。

降人相煎

果報之說中於人心，往往於疑似之間，示人以神妙之跡。程忠烈之殺八降王也，軍士乘之而大劫，李文忠咎之曰：「君亦降人也，奈何遽至於此。」及克嘉興，微有不慊於文忠，傷重囈語曰：「君亦降人也。」因自決其創口而死。當時之人，咸謂降王索命也。

李鴻章認為吳長慶凡庸

吳武壯初從解練入淮軍，隸先文莊部下。先文莊素識其封翁，倚為腹心，緩急可恃。軍中輒予以重任，升階較速而最早，甫克嘉湖二府，保案擢副將。李文忠哂曰：「君部下庸者，亦得戴紅頂耶？」武壯終身以為恨。淮軍將領，無不倚文忠為重，惟武壯獨自立異，結交朝貴以為攀援，羅致文人以通聲氣，然終不能至方面。當日文武異途，固為一大原因，究竟黜陟進退之途，於人心天理之公，其時尚有得半之道，故同治而後，猶稱中興焉。

潘鼎新用權術降敵

受降如受敵。降人力屈，不奮鬥以求生路，而俯首歸命，當時必有以說動之者。既而，所欲不遂，心懷怨望，不善處之，則變生肘腋而不可測。平湖寇將陳殿選歸順，文莊部下親慶軍，及潘中丞琴軒所部鼎軍，實往受降，吳武壯先帥兩營以進。錢榮山總鎮玉興時為寇目，密告文莊曰：「殿選降後，輒有怨言，常自語曰：『孰為翰林學士，孰為道臺，勿謂吾刃不利也。』」文莊以語中丞。中丞曰：「彼部下將有變，待吾一言為輕重，尚不知彼刃利與，抑我刃利也。」次日，降部大鬨於城內，殺殿選。官軍營於城外，嚴為之備而坐視不動。俄而玉興率諸寇目來謁，獻殿選首級。文莊與中丞坐帳下見之，其喜可知。中丞佯怒其擅殺，責斥甚久。旋經文莊解說，始允赦其罪。遂入城，檢視府庫，尚餘六十餘萬金。以訓欽先伯暫護縣令，撫慰遺黎，旬日乃安。玉興自此後從文莊軍，曰：「潘公責人無已，我願事公。」其後積功補四川重慶鎮總兵，署四川提督。聞文莊每道及此，輒曰：「權術可用也，而不可多用也。」

湘軍劫掠金陵

金陵圍攻不下，時蘇州已克。朝旨令淮軍助戰。李文忠遷延不行，顯然讓功之意。及大功告成，文忠至金陵，官場迎於下關，文正前執其手曰：「愚兄弟薄面，賴子全矣。」方詔之日促也，銘、盛諸將咸躍躍欲試，或曰：「湘軍百戰之績，垂成之功，豈甘為人奪。若往，鮑軍遇於東壩，必戰。」劉壯肅曰：「湘軍之中，疾疫大作，鮑軍十病六七，豈能當我巨炮。」文忠存心忠厚，終不許。將卒皆知其事，文正益感不置，故云然。金陵克後，首功李忠壯臣典，未及受封而卒於軍。相傳忠壯少年恃壯，一日夜御十八女，事雖無據，然近人紀傳，多隱約言之。曾文正公報捷，奏稱「我軍殺敵十餘萬人」，則子女玉帛，悉為所有，可想而見。國變之後，北軍南下，僅大劫三日，輿論指摘，不遺餘力，可謂人苦不知足。時勢使然，非今人賢於古也。當時功次於忠壯者，蕭壯肅及劉南雲閣學，解甲家居，遂不復用。雖琉球、越南、緬甸相繼失喪，外患日深，鼓鼙聲急，朝廷曾未憶及之。可見金陵之役，從軍之士滿載而歸，必有不慊於上心者矣。

李鴻章扣餉聚款

湘軍於金陵紅旗報捷、江浙軍務底定之後，文正奏請盡發欠餉，遣散歸農。偉哉，大臣謀國之道，善用所長，善藏所短，非他人所能企及也已。淮軍自始至終，每年皆發餉七關有半，而南北設糧臺，坐收各省解款，先以解款不到而致欠餉，既到不以發餉，遂積成巨款。李文忠直隸總督任內，淮軍銀錢所專司其事，歷王文勤、榮文忠兩公，洎文忠復任，猶存五百餘萬兩。文忠逝世，項城用以擴充新軍，至六鎮之多。南北風行，皆練新軍，遂屋清社。

曾國藩遣散湘軍

曾文正遣散湘軍，惟留老湘營。又知先文莊與淮軍將領氣味不投，終不相合，欲以老湘營隸文莊領之，常駐江寧為防軍。致書請於李文忠曰：「將使之淬厲湘軍暮氣，我亦得日以老生常談勖之，俾成棟樑之器云」。黃昌岐提軍持書謁文忠於蘇州，文忠不置可否，私謂文莊曰：「往也，惟此老翁，能致人於方面重任。」時文忠家居拙政園，設宴待提軍。值春初山茶盛放，文忠曰：「花如此麗，雖僕婢今日折一枝，明日摘一朵，究無損焉。」提軍退而備行具，文莊問何若是之速。提軍曰：「昨日之言，公不聞與？已示意不欲公往，尚待言耶！」

沈葆楨、劉坤一有古大臣之風

中興功臣，多有古大臣風。金陵克後，洪福已逃出，沈文肅遣軍追擊，獲之。奏報擒斬逋寇，而不言其為首逆之子，亦不鋪張功績。劉忠誠督粵，代理海關，是時監督為旗員著名優缺，歲入無算，忠誠悉捨弗取，並未專摺上聞，僅於《京報》中，見數月之中，收數增至十餘萬而已。至丁文誠之斬安得海，彰彰在人耳目，內幕之中，尚有人主使，較此猶遜一籌。

蔡壽祺參劾恭親王

世祖親政，則奪攝政王爵；聖祖年長，則罪四輔；仁宗繼業，則斬和珅；文宗即位，則退穆相；兩太后垂簾，則誅三奸；醇王攝政，則逐項城；一朝天子一朝臣，幾為向例。恭忠親王為議政王，不及四載，至同治四年三月五日，編修蔡壽祺疏劾王攬權納賄，請逮治，兩宮召見商城、艮峰兩相，朱桐軒、萬青藜兩尚書、吳竹如、王小山兩侍郎、桑柏齋、殷譜經兩閣學，議治王罪。兩宮言王目無君上，妄自尊大。且云惇王在熱河，曾言王欲叛，又出於壽祺參本之外，更有背景。時值同治中興之後，諸臣守正，不敢唯阿，上怒稍霽，商城請查實據，許之。越二日，倭相等會議於內閣，召壽祺質正，摺中「挾重資而內膺重任，善夤緣而外任封疆」二語，壽祺指出薛煥、劉蓉二人，供稱聞之給事中謝增。及質訊增，增言本無所聞，且弗曾與人言及。壽祺俯首無詞，薛煥猶追問，不肯息事，諸臣勸解始已。未幾，蓉明白回奏，言：「起自草茅，未趨朝闕，親貴之臣，不識一面，樞密之地，未達一緘。請嚴究誣枉根由。」壽祺以是降級，其後終身不用。恭王雖受裁抑，無復議政名目，然仍值樞府，屢躓復起，克保令終。較之前朝重臣，則有幸有不幸矣。先文莊於散館授職後，奉旨往江蘇軍營。壽祺昏瞶，於朝報亦未之悉，其條陳軍營濫保疏中，波及是事，言「庶常投效軍營，保舉留館，實為取巧」，當時以事實不符，均不措意，及至文莊贛撫入覲，遇壽祺於江西公宴，調之曰：「某散館授職後，即奉命出征，在本衙門日淺，於諸前輩多未奉教，嚮慕不置。」壽祺時已衰邁落托，無復人形，唯唯而已。

清史稿虛譽陳寶箴

陳右銘中丞治鄉團，禦粵寇，嗣在京為殉節者請恤，義寧一州，多至三千人。劉忠誠撫贛，雖知其粉飾，以中丞當時清望，無如之何也。中丞洊升府道，軍中保案，無足深論，《清史稿》稱其走湖南，參易佩紳戎幕，拒走石達開；之江西，為席寶田畫策，殲洪福；是以保案為功業。中丞有知，諒不樂於有此虛譽。

李鴻章之弟性乏沉毅

李季荃觀察在淮軍，與曾忠襄之在湘軍，皆以統帥介弟之親，將兵獨眾。忠襄猶能成功，其後在鄂，雖小有波折，亦克自振。觀察竟不能終始其事，固由於淮軍之團結力不若湘軍，致遭排擠；抑亦觀察沉毅之性不如忠襄，遇有艱阻，不能堅持故也。

曾、李二介弟高下之分

曾忠襄處事堅決，有過人之處，固已。其將才勇略、學識操守，未見出於李季荃觀察之上，而勳業各相迴殊者，更有遭際不同之故。軍中鹵獲，自古所不能免。將門之後因以致富，以晉之石崇為最知名，餘可類推。淮軍所得俘物，以充軍實，按諸奏報，較湘軍為多。湘軍將領富有貲產，頗流露於《湘軍志》文字之間。然淮人吝嗇，染商賈之習，頗用以營運，與民爭利，不似湘人僅供浪用。如蔣湘南方伯，一夕而盡喪其歷年所有，無損於人也。曾、李二介弟高下之分，固有地理風俗關係存焉。

淮軍之欠餉

文忠至蘇，魯白陽管淮軍糧臺，使其弟求見於先文莊，述其兄之意曰：「頃見李撫帥，撫帥曰：『糧臺何難於應付，惟李觀察、劉學士不得罪焉，可耳。』今李公座營八、公座營六，皆發足餉，可乎？」「李觀察」謂季荃觀察，「劉學士」即謂文莊也。文莊曰：「不可。如我座營得足餉，餘營皆不得，則不為我用，是自損軍力十之七也。請從眾。」東捻平後，文莊乞解兵柄，求其餉於文忠，爭持累日，乃得三關半。時欠餉經年累月，文莊無已，悉移交於繼統是軍之吳武壯，歸潔其身而已矣。當時風俗醇厚，軍士罷役回籍，待餉不得，即去而之他。值軍務未平，盡有去處，尚不生事。粵捻兩役肅清，潘中丞頓軍徐州，猶染舊習，遷延不予，軍中將擁營弁鮑某為亂。地距親慶軍不遠，吳武壯馳騎曉諭。大率同府縣城之人，非親即故，薄給以貲，悉散去。其後鮑某潦倒已甚，遇武壯，尤之曰：「非汝，則我黃袍加身久矣。」

魯白陽落拓不堪

魯白陽久不得志，知左文襄與文忠意見不協，乃悉以淮軍糧臺帳簿輦送於彼。文襄曰：「吾屬皆軍人，奚肯以此中傷同類。」時人皆服文襄之度。白陽後需次於直隸，文忠銜之甚深，屏弗接納。白陽朝夕站班，使文忠均見之。如是者年餘。文忠怒罵曰：「趣行，毋溷乃公。」給以省外一差而遣之，時人更欽文忠之量。後十餘年，白陽賄得上海道。未幾，事發解職，落拓不能自活，雙足攣腫，復不能行。又如是者數年，適值文忠至京議和。上書，不答。翌日，白陽以兩役掖之行，至文忠所。文忠怒罵，兩役驚懼走，遺白陽於地，號咷乞恩。此亦官場之異聞也。

郭寶昌遇救

郭善臣軍門，出身於陳國瑞部下卒伍，以事觸其怒，縛而懸之於門外。時金學亭軍門亦在其軍，令立而守之。自飲酒，畢，倚胡床而臥。郭體肥，不勝其苦，嘆曰：「俟彼醒而釋我，吾死久矣。」金憐之曰：「縱汝去，則我應代死，曷若偕行？我無家，途中呼汝為父，汝呼我為子，免人疑問，何如？」郭欣然允諾。逃至鳳陽，見郭母。郭母曰：「恩人也。汝輩年相若，何得稱為父子？曷結為兄弟，皆為我子。」於是改姓郭，名運昌，從兄復入伍，積功至提督，乃復姓金氏。

落職三將，橫行不法

李世忠、陳國瑞、詹啟綸落職後，橫行不法，無復顧忌，中興之世，良為罕見。世忠故為匪類，國瑞從僧王久，啟綸用兵在淮徐一帶，多與旗兵相處，放恣之性，不知法紀為何物，抑習染使然。其後世忠、啟綸皆得罪以死，國瑞遠戍不返，乃其宜也。

曾國藩拒交關防

曾文正為欽差大臣剿捻匪，先文莊為襄辦，獻守運河之策：作長牆於岸，限止馬足，使不得度，圈之於一隅。李文忠署江督，力爭不可，手致文莊書云：「古有萬里長城，今有萬里長牆，不意秦始皇於千餘年後，遇公等為知音。」文莊將萬人渡河，得文忠牘，言餉缺不得增兵。事事干涉，諸如此類。且時上章，條陳軍務，文正弗善也。及師久無功，文忠繼為帥。文正愧弗忍去，自請留營效力。文忠至軍，亟取欽差關防於文正所。文正曰：「關防，重物也。將帥受代，大事也。彼弗自重，亟索以去，無如之何，然吾弗去也。」文忠遣客百端說之回任，弗許。或為調停曾、李計，言乾隆時，西征之師，以大學士管糧臺，位與欽差大臣相埒。文正故作不解曰：「何謂也耶？」文莊曰：「今回兩江之任，即大學士管糧臺之職也。」文忠又私告曰：「以公之望，雖違旨勿行可也。九帥之師屢失利，不懼朝廷譴責歟？」文正遂東歸，自是絕口不談剿捻軍事。文忠代為帥，亦無以改文正扼河而守之策。大功告成，文忠疏請加恩從前領兵大臣，文正得加一「世襲輕車都尉」。聞之大怒，謂江寧府涂朗軒太守曰：「異日李宮保至，吾當為之下，今非昔比矣。」

郭松林臼口被俘

臼口之敗，郭武壯為賊擒，全軍覆沒，陷俘虜中。賊不知其為統將也，有降卒縱之出，乃得免，旋乞病歸。次歲再出，招集舊部，聲勢復振，克以功名終。綜其生平戰績，皆與李文忠俱也。

李鴻章、鮑超結怨

霆軍多容游勇，平時僅給之食，有額則補為正兵。戰時常令游勇當先，勝則大軍繼之；不勝，賊與游勇混鬥已久，紀律必亂，乘以銳師，往往克捷。尹漋河之役，縱銘軍先戰，以當游勇，詭而虐矣。壯肅棄冠而走，鮑忠壯得之，牒於文忠曰：「省三殉矣。省三得頭品頂戴，穿珊瑚細珠為帽結，以示異於眾，今獲於賊手，其殆死乎。」文忠與忠壯，皆以異籍處湘軍，互相友好，忠壯出征，文忠在文正幕中，輒為之內主。暨是役之後，文忠與忠壯不無遺憾。《朋僚函稿》中語多微辭，殆有由也。

曾國藩馭將之道

先文莊率師追捻於鄂、豫之交，逢鮑忠壯。當時各軍遇於某所，主帥固宜知之。他日見曾文正，文正問曰：「見鮑春霆歟？」曰：「然。」文正曰：「穿黃馬褂耶？」曰：「否。」文正詫曰：「何歟？」曰：「客先問主人：有黃馬褂子也無？因知其無，而易著他服，不以其所有形其所無，客敬主人之意也。」文正曰：「敘戰功歟？」曰：「主人仰客大名，幸得一見，將謙讓之不遑，豈復有可敘之功。客因主人口不言功，而不言己功，亦客敬主人之意也。」文正大笑。觀此可知馭將之道，雖在小節，亦不可不知之，審而問之詳也。

張樹珊之死

樹軍在江蘇，每戰克捷，靖達、勇烈昆仲，意見漸不合。靖達乃就徐州道任，解兵柄，專屬勇烈。移軍征捻，曾與周剛敏一軍同時奉命，屬先文莊相度調遣。潘中丞謂文莊曰：「淮軍二海，既不能令，又不受命，吾為子慮之。」既而，兩軍皆避道而行，無從指麾，當時游擊之師，亦無處捉摸也。臼口敗後，諸軍聞捻蹤在鄂，群趨往援救。文莊與樹、盛兩軍遇賊於漢、黃之間，剛敏先見曰：「往日賊逢我軍，走避之不暇。今入鄂境，彼連戰皆捷，乃敢直前決鬥，必有以懲之而後可。」約次日合軍迎擊而去。至定昏，剛敏遣人來言，賊與樹軍一遇即走，海柯未回營中。文莊不知何謂。時兩營相距約十里程，率兩騎執燭往，就詢之曰：「海柯未回營，曷故？」剛敏曰：「陣亡矣。」軍中諱言之，故云然。翌日馳往視喪，其地土名曰：「倒樹灣。」事有先兆，理或然歟。勇烈部眾三營，追賊中伏。勇烈以一營當先，一營當後，而自居中策應。以千五百之步卒，當數萬人之騎兵，如卵擊石，誠非戰之罪。勇烈就義時，外著軍服，內襯湖縐短襖。身受兩傷，一矛刺腰際，一刀斷喉，意揣中矛墜馬，賊見衷服，知為將領，因而害之。勇烈遺骸入殮，面色如生，其後有人疑其為衣冠葬者，聞文莊時為詳述如此。勇烈字海柯，剛敏字海聆，故潘中丞言「二海」云。

曾國藩、李鴻章相識

曾文正剿捻，未奏速效。捻入鄂時，曾忠襄為鄂撫，遣將禦之。賊騎飄忽，非粵匪憑城據守之比，湘軍初逢勁敵，屢戰失利。李文忠聞之，不免譏刺。時文正疏中，有云「臣不敢以一戰之功，遂自忘其醜陋」，疑有所指。他日，文莊見文忠而告之。文忠瞿然曰：「有是哉？」文莊曰：「是則然矣。」命取邸鈔視之，果也。是後，文忠談鄂事，亦稍稍慎之矣。

小河溪大捷

捻匪自初起以迄於亡，均以抄掠為生，不與官兵戰，追之急，則擇一平原之地，面有深河，以為之蔽，背倚於高阜，以為陷阱。賊匿阜側，先以殘兵羸馬誘官軍渡河。既渡，軍稍亂，乃縱騎出擊，馳逐過河，迫之於平原，蹂之以馬足，雖有猛將精兵，罔不挫敗。臼口、麒麟凹、尹漋河之敗，胥由於此。

先文莊率所部親慶軍至鄂，與楊忠勤之勛軍，追賊於小河溪。入鎮，無鎮焉者。忠勤曰：「去遠矣，速追勿失。」錢玉興總鎮時為探路員，諫曰：「灶突尚暖，賊離未久，宜慎之。」弗聽。未幾，勛軍中伏，總兵張遵道等皆歿，軍士死傷強半，賊挾潰卒，且著其冠服，洶湧而下，兵匪莫辨。時文莊在鎮中，聞之。使親軍哨弁吳建昭配以銳卒百人橫截之。矛揭其草帽，見長髮，大呼曰：「賊也！」刺而殺之。慶軍分統吳長慶，以槍隊瞄準射擊，每發悉中。賊多殪，驚退返隊，勛軍餘眾乃得歸。時惡氛漸逼，一末弁請曰：「望中有堡，宜據之而戰鬥。」文莊曰：「望之近，行至其處不易，是逃耳，速斬以徇，凡言退者視此。」鎮外樹林，枝幹尚密，文莊命工夫植樁於外，移營據守，軍中過山炮四尊，悉置前方，滿裝子彈，令曰：「待旗舉而後發。」時賊伏小山後，出沒坡下。江南大營舊將況文榜，時為後軍分統，請曰：「賊凶狡，可誘而致。」許之，遂率所部馳往搜索，往返二三合，奔而回曰：「賊至矣。」文莊嚴陣以待，令曰：

「賊百步，告我。」及賊近百步，又令曰：「再二十步，告我。」須臾，令旗一舉，彈子橫飛，如雨雹驟下，賊萬馬密集，長矛齊舉，望之如春筍，經炮火一震而全倒，悉駭遁。文莊率師，凡與武夫俱者，不自主稿，輒任彼軍書記為之。是役也，勛軍報捷，適親慶軍吏亦至糧臺領餉，見李文忠。文忠曰：「諱敗言勝者醜醜。」軍吏曰：「醜者醜矣，美者自美。」文忠不責也。其後文莊見曾文正，文正曰：「臼口、麒麟凹、尹漋河三役，賊勝而驕極矣，小河溪一戰，將使彼知其我軍之有人。」

任柱死於贛榆之役

李文忠繼曾文正為欽差大臣，捻賊撲過河至山東，文忠變通而用扼河之策，反守運河，圈賊於山東境內不得出。銘軍部卒有為捻所得者，任柱縱之還，曰：「幸為我傳語劉公：吾子年十歲，騎不純熟，來歲方為越河而西之計，今茲未也。」壯肅亦縱所俘賊，仍予酒食，遣去以報之。贛榆之戰，銘軍先失利，走匿溝內，適值秋季，正青紗障時也。任柱奮勇直前，追殺我兵。匿溝內者，潛伏狙擊，忽聞賊大擾亂，言「大王中彈」。未幾，前所縱俘名潘貴者，奔告任柱受傷身死。銘軍乘勢進擊，遂獲大勝。

李鴻章記恨於吳香畹

吳伯華、香畹觀察昆仲，以鄉團從李文忠援蘇，隸程忠烈部下，稱「華字營」，戰比有功；從征浙西，受嘉善之降。時杭寇乞撫，李文忠將受之。左文襄爭曰：「越境剿賊則可，越境受降則不可。」文忠於是乎止。先文莊率師過張涇匯，連戰皆捷，嘉善已在掌握，華字營遽受寇降書，文莊不悅。嘉興既克，兩軍偶有鬥毆細故，華字營不勝。未幾，伯華觀察以事見，隨從多人，因而尋釁。門者以告，不免言之過甚。及入見，文莊以軍法杖責之。觀察頗忿，上書於李文忠，言本朝二百餘年，從無鞭撻道員之理。文忠曰：「汝讀書，尚不知身在軍中，當從軍法耶！」時同袍者皆鄉人，事過勸解，和好如初。既而，徐州道缺出，文忠問於文莊曰：「孰為宜？」文莊曰：「似無若伯華者。」文忠笑諾。觀察辭弗受，未幾辭歸。文忠猶未忍於其去也，偶遇其部下，問曰：「主將有書來與？」對曰：「然。」出於衣袖中。書曰：「李宮保不可與處，汝等趣歸耳。」「李宮保」者，當時軍中於文忠之稱也。文忠怒，遂與之絕。

香畹觀察代統其眾，駐揚州。捻賊敗於山東，跳而免，奔過六塘河浙軍守汛。文莊使馬隊官葉志超、楊岐珍追之。臨行請命曰：「捻行有二路：一之蒙，亳尋老巢，一過揚州投李世忠，為求降計。將若之何？」文莊曰：「捻若歸皖，羽類眾多，千萬人一呼立集。吾求解兵柄於東捻肅清之後，早有成議，不能久俟，爾行勿出蘇境。若入運河，則吾賀汝繫賴文光歸耳。」時賊眾尚不下二萬，與我軍戰於淮城東，大破之，擒斬幾盡。志超、岐珍知文光在逃，留俘獲於清江浦而率兵窮追。文光僅餘數騎，遇閘輒呼曰：「吾官軍也，為賊所敗。速去板，賊至矣。」及我軍追及，幾經解釋而後得過，遂落賊後。文光先至揚州，舟渡中，小卒跪進金帶，稱「大王」，為華字營兵所見，擒以獻。翌日，文莊至揚，語觀察曰：「從此兵革息矣。」談笑甚歡。後三日而郭武壯至，爭曰：「吾輩耕之，君食之耶？」觀察引見文莊而解之，乃已。觀察得以道員記名簡放，久而未即真除。文莊簡贛藩入覲，過津遇之。與文忠談及，問曰：「香畹活捉賴文光，胡弗得賞？」文忠曰：「朝廷忘之久矣。」文莊曰：「公昔為帥，而今居相位，何可弗言？」歸寓而觀察來，遜謝至再。知文忠左右，必有為之偵視者也。

寬縱惡人，不啻養虎

古人常有言：「吾活多人，子孫必有興者。」此為無罪者言之也，若寬縱惡人，不啻養虎，烏得謂之陰德？即論王氏之事，後遂生莽，以覆其宗，奚足為福！葉志超、楊岐珍追賴文光於淮城東，大敗之，獲數千人，留於清江浦。時錢調甫中丞駐此轉運糧餉，悉為之剃髮而釋之。曾文正曰：「至此時尚從不去，皆多年巨憝、人人宜誅者。」其後中丞以頭疽死。求福者未必得福，古書當善讀，未可盡信也。

李鴻章善調侃

曾文正回兩江總督任，李文忠代為欽差大臣，先文莊屢求解兵柄。文忠約：俟軍務之畢。及賴文光就獲，再請。文忠不許，且百端譬解曰：「古人捧檄而喜，豈有親在而可以高蹈耶！軍務以來，候補藩臬無簡缺者，今以學士任方面，上下屬望之殷，而可恝然視之乎？」文莊奮然曰：「公謂我於區區一藩司之職，萬餘人之眾，而患失之乎？」文忠不可留，乃作調侃詞曰：「儒者讀書，貴能下人。吾昔治團練，從官軍戰，為敵所乘而失其壘。道逢和禹門，吾下馬，向之行旗人半跪禮，禹門欣然下馬答禮。是役也，不特未受厥咎，且獲保贊善銜。吾固翰林院編修，曾謂清望不若公與？」又曰：「吾輩文人，臨戰非武夫比。吾昔兵敗求死，臥於當道，以阻潰兵之路，皆左右越而去，是其明驗也。」時幼荃太常在座，譏言曰：「吾輩部下士氣奮發，豈公昔日部下之可比也。」文莊笑。文忠曰：「何笑？」文莊曰：「吾輩部下，非公部下之比，斯言盡之矣。」文忠曰：「吾不若君輩運亨將兵多，故至於此耳。」文莊曰：「然今吾輩亦不若公運亨將兵多，此其所為公下也。」

李鴻章幼弟之死

文忠幼弟幼荃太常，曾文正剿捻，奏調至營，謂有諸兄風。太常風度灑然出塵，在軍手不釋卷，尤極好學深思之致。文正師行無功，先文莊以襄辦軍務，猶蒙其咎。東捻平後，求解兵柄，至再至三、至於四五，乃幸得去。太常自將五千人，益以善慶、溫德勒克馬隊八千人，自成一軍，原不為少，惟賊蹤飄忽，追之過急，則蓄其全力而悉眾六萬騎，設阱以待；稍涉持重，即終歲不見一賊，弗易奏效。太常由後之說，不為主帥所喜，所部旋改隸別軍。賴文光就擒之日，太常雖踵至，已徒手無衛矣，僅論前勳，以運使候補。是時，軍中保案，動輒萬餘人，武職獎札多棄弗取，賤視可知。文職中，以兩司候補者，從不獲簡。至運使三數之缺，太常尤鮮幾希之望。軍務底定，文忠復避嫌，不為推轂。於是入官則無實授之期，改途又乏出身之路，益鬱鬱不得志，濾者至勸其復應鄉試，太常意動，已而覺其不倫而止。其後至津省兄，鬱鬱病瘵，遂不起。卒前數日，文忠往視，太常移面向內而不與語，蓋先知多忠勇於劉霞軒中丞之事云。《庸庵筆記》載其夢見冥王事，文忠曾述與文莊，言「冥王迎出，太常入拜，冥王亦拜，皆額至地」。然則冥間行禮，隨陽世為轉移耶。

劉秉璋、潘鼎新遇合不同

先文莊之解兵柄也，並開山西布政使之缺。左文襄示意將請於朝，俾署晉撫，率所部往，當西北路，文莊辭謝之而止。及捻平，西事日亟，朝廷將遣鼎軍入關往助，琴軒中丞通書於文襄，文襄復書並不拒卻，惟亟言關中非缺兵之為困，而缺餉之為困。書末明言「山頭廷尉，請君自擇」云云，中丞不敢前往而止。觀此兩事，可見遇合之不同。

李鴻章為諸將排去

文忠季弟季荃觀察，為諸將排去於常州克復之後，其幼弟幼荃太常，旋自行引退於東捻肅清之時。文忠部下，於其昆仲不免寡情，未幾，並主帥而欲去之。履霜至於堅冰，由來已久，《易・象》為周公所作，宜其通於政事也。

潘鼎新救李鴻章之難

張總愚突犯畿輔，詔徵各省援兵。淮軍諸將悉辭不往，文忠以是拔去雙眼花翎，褫去黃馬褂。詔至，天方黎明，文忠讀而復臥，置之枕側。晨起，聞諸將咸集，切切私議。出視，郭松林曰：「會兵北上，先取京都耳。」言洩於外，朝廷益疑軍中有異志。殷譜經侍郎，以條陳蘇省漕糧之事，大受文忠復奏之揶揄，與之有隙，至是昌言：「李氏兄弟大購田地，毗近者悉為所有，幾於強取，宜令皖撫抄其貲產。」文忠知之，尤為駭悚。時先文莊已解兵柄，未去，密告文忠曰：「諸將謀去公，顯而易見。惟琴軒究竟讀書人，可激以義。」又謂潘中丞曰：「吾輩道義之交，緩急顧不可恃耶！」翌日，文忠召中丞至，謂之曰：「見詔書耶？」曰：「然。」文忠曰：「不為我懼乎？」曰：「何懼之有！君之於臣，猶父之於子也，喜則予，怒則奪，抑奚以異。」時趙子方觀察在隔室，文忠大笑曰：「子方，如琴軒言，直風流罪過耳。琴軒，其速勤王。」中丞乃率軍行。他日，文忠曰：「吾見插羽驛遞於道，急呼問其人將往何所，曰：『致李宮保。』吾心惴惴，以為緹騎至。拆視，讀寄諭，潘軍已過河，去京不遠，私心乃安。」

潘鼎新聰明反誤軍機

西捻之平，潘中丞實為功首，是時鼎軍已增至萬餘人。先文莊解兵柄，所部親慶軍，吳武壯繼為統帥，數亦萬餘人。中丞從軍於合肥西鄉團練，與淮軍諸將領素所習處，故能得群策群力，而竟此功。劉壯肅先以勤王遲緩被譴責，托病不出，屢詔徵至，甫蒞軍而收其成，《湘軍志》已有微言。天下事有幸有不幸，固如是也。中丞臨機應變，善戰好謀，有古名將風。法越之役，身當前敵，料其終局歸於和議，故不以兵事為意，致誤軍機，一蹶遂不復起，識者惜之。中丞罷官時，輓某烈婦殉夫聯云：「你看他末路英雄，大半偷生旦夕；天許爾多情夫婦，再結來世姻緣。」不啻自己寫照矣。文莊常言：琴軒最聰明處，即其最不聰明處。」於斯聯亦云。

李鴻章與左宗棠互不相下

李文忠與左文襄皆命世之英，賤日相遇，各不相下，久之遂生意見。寇、捻兩役，適戰地接近，益形敵對。淮軍平西捻，張總愚投水死，文忠奏報，時朝廷懸一大學士缺，隱然以為賞格。文忠因此得相位，尤觸文襄之忌，公然疏言「張總愚未死，伏有隱患」。是後彼此遂不通訊。文襄征回，久未得手，文忠忽奉詔，西行助戰，笑曰：「我軍未至潼關，季高必有手書先到。」既而果然。書中先自言其軍事辦理之不善，次言增兵之必要，末引《詩》曰「卬須我友」，實獲我心云云。文忠以教案回津，從此音問又絕。至回匪平，始更修書焉。

楊鼎勛有同袍之誼

楊忠勤卒於西捻未平前數日，未預論功之典。自曾文正任欽差大臣，先文莊為襄辦，諸將故等夷，弗樂為所屬，常引避，莫肯從戰，此李文忠離間眾軍之效，得於福元修中丞者也。惟忠勤心懷坦白，始終相隨。小河溪之役，勛軍遇伏，不至全師覆沒者，足徵左右提挈之功。當文莊於東捻平後乞退，忠勤曰：「吾不能進退與公俱，他日當辭賞，以見同袍之誼。」至是果應其言。然是役也，自李文忠以下，皆給都尉世職而已。諸軍馳逐多年，僅得區區之名義，朝廷酬庸，亦孔薄矣。

楊鼎勛子女婚約

忠勤故後，一子一女。子聘郭武壯之女，女字劉壯肅之子，皆口允而未行文定之禮。郭武壯立悔前議。劉壯肅曰：「吾不以生死易交。」仍踐婚約，且為其家買田築室於合肥西鄉，使安居樂業焉。人多厚劉而薄郭。郭武壯輒自解曰：「少銘不乏貲財，吾與六麻子易地而處，若是者，吾優為之。獨是其子失怙，無所庇蔭，不知流於何等。吾女終身之事，不敢不慎耳。」「六麻子」者，壯肅少年鄉閭混號也。當日軍中之友無所諱憚，稱之多如此。

西使覲見之禮節

《清史》載，聖祖見西洋人，與之握手為禮。蓋本於《實錄》，曾不之諱。譯本《乾隆英使覲見記》載，高宗見印度總督馬戛尼，令行拜跪禮；不可，乃從彼俗。大哉！容人之量，懷遠之德，為不可企及也已。流俗相傳：乾隆朝英使來朝，請行一足跪禮，許之；及人見，不覺兩足俱跪。無稽之談，猶曰「代遠無徵」也。同治十一年六月戊申朔，越四日，上御紫光閣，見西洋各國使臣。《桃花聖解盦日記》云：「夷酋皆震慄失次，不能致辭，跽叩而出，自此不敢復覲天顏。此輩犬羊，君臣脫略，雖跳梁日久，目未睹漢宮威儀，故其初挾制萬端，必欲瞻覲。既許之矣，又要求禮節，不肯拜跪，文相國再三開喻，始允行三鞠躬，繼加為五鞠躬，文公固爭，不可復得。今一仰天威，便伏地恐後，神靈震慴，有以致之云」。按英法兵入京之後，西人渺視中土久矣，此事為理所絕無。然記當日情形，又眾目昭彰之地，胡忽有斯說，人亦胡以能信以為真，誠百思而弗得其故。文文忠為一代英賢，是時上下不知敵情。李文忠勳業之高，震乎寰宇，惟此洋務之一途，猶為人所指摘。政府之中，主持大計，使邪言不致侵正、眾口不至鑠金者，惟文文忠是賴。庸詎如市井交易，與外使爭較三鞠躬、五鞠躬之數，非徒無益，而且為彼所笑。傳之天下後世，豈不誣我文公？斯固不得不為之辨者矣。

卷二

議立光緒為帝

同治十三年十二月四日，穆宗龍馭上賓，年僅十九歲。前十日已屢瀕危殆，宮中議立皇嗣，而文宗無他裔，宣宗諸王孫皆少，無生兒者。貝勒載治，宣宗長男隱志郡王之繼嗣也，有二子，幼者曰溥侃，生甫八月。召入，未及立儲而上已晏駕，乃止。宮庭隔絕，莫能詳也。次日，兩宮召見內廷行走、御前軍機、內務府王公大臣，弘德殿行走，南書房行走諸臣與焉。慈禧皇太后問曰：「皇帝賓天，天下不可無君，孰為宜？」皆伏泣，不知所對。慈禧皇太后目視恭邸而言曰：「奕訢其為之。」恭邸悲痛絕於地。慈禧皇太后復徐言曰：「汝不欲任天下之重耶？其令奕譞之子入嗣。」醇邸亦昏絕於地。惇邸進言曰：「然則今上不為立後耶？」兩宮如弗聞焉而入內。二王仍昏踣不興，內監扶置板上，舁以出。其後榮文忠語人曰：「醇邸誠長者，聞其子立為帝，中途輒欲自起，余掣其衣方已。」恭王罷政、醇邸隱執朝綱，果以榮文忠事己不如事其兄，心滋不悅，外放為陝西西安將軍，久而始歸。旗人居京者專事修飾，衣冠齊楚，視為重要之務。迨出都門，無可講習，放弛日久，歸時行裝不免減色矣。文忠服飾修短合度，容儀之美冠乎等輩。西征之役，雖留滯數載，及返都門，仍還舊觀，在當時頗以為一絕。

惇親王生不逢時

惇王如生於乾嘉承平之日，亦賢王也。文宗勤於政事，萬幾之暇，頗耽逸樂，王心弗善焉。及洪秀全之亂，蔓延不可收拾，朝野咸懼，王悅曰：「非此一震，選色徵歌，未知伊於胡底，殷憂啟聖，正斯時矣。」文宗崩於熱河，恭邸獻計兩宮，謀誅三奸，皆重臣也，王斥其非。及恭邸得罪，王力為調護。穆宗無祿，謀繼統者，兩宮諭立醇邸之子，王獨陳正義，時論尤以此多之。王性戇直，而治事不若恭、醇兩邸之敏，故同一懿親重臣，未獲參預密勿。子端王弗克負荷，助匪釀亂，王遂斬祀，惜哉！

輓某伶聯

同治末，有某伶者，相傳曾為上所幸。伶生於二月初旬，而死於三月中。或輓之云：「生在百花先，萬紫千紅齊俯首；春歸三月暮，人間天上總消魂。」

可憐天子出天花

同治賓天，有一聯云：「弘德殿，廣德樓，德行何居？慣唱曲兒鈔曲本；獻春方，進春冊，春光能幾？可憐天子出天花。」指王慶祺也。慶祺召入弘德殿，傳言在廣德樓飯莊唱曲，遇穆宗微行，識之，因之與從行內監交結，遂得供奉。常以恭楷寫「西皮」、「二簧」劇本，朝夕進御。至春方、春冊，事本無考，吾國人喜以曖昧之事誣人名節。其後張樵野侍郎、康長素主政得罪，當時亦有是說，未足為憑也。穆宗不豫，人無不歸咎慶祺，此對盛傳一時。言路聞之，至入彈章，亦足見人言之可畏矣。

曾國藩、李鴻章作風不同

左文襄暮年老態，人盡知之。曾文正剿捻時，亦露衰象，乃人所未及察者。文正飯後有棋一局，謂之養心棋。時錢子密侍郎在幕中，謂先文莊曰：「人皆讓路，是終日與不如己者處也，焉得不愈趨愈下。或偶一截之，則沉思稍頃，必得佳著，於是可見其精氣。」時捻氛甚惡，有言及者，輒拱而正色曰：「且看他國運何如。」相傳龔定庵應試，人預賀其得第，曾以此言為答。文正在京，習知其事，故效其所為，以博一笑。

閱小河溪戰報，問文莊曰：「聞賊騎不過三四萬耳。」文莊曰：「不止於此。」曰：「何以知之？」文莊曰：「以田中所踐禾稼行數遠近，精密計算，殆不下六萬。」文正回江督任，文莊亦乞病歸，同治十一年，薨於任所。先一月，致書文莊，約至金陵，且云：「願送東山之雲，出沛敷天之雨。」及見，言及李文忠，出巨擘曰：「奈何與此公相背，今上甚從其言也。」文莊退而告梅小巖方伯，方伯笑曰：「公真衰矣，乃以巨擘指門生。」翌日，方伯又謂文莊曰：「聞衛士言，公輿中口誦《論語・吾日三省》一章，殆指公乎？」文莊曰：「吾始從公剿捻，馳驅數省，頗形困頓，告公，公曰：『何不默誦書？』既而學為古文辭，以就正於公，曰：『此默誦書之所得也。』公曰：『要默誦經書。』公事事引人入勝，此殆默識之功與。」適李文忠亦有書勸出仕。是時恭王當國，頗受饋遺。文莊至津，寓北洋大臣行轅中，偶談言之，文忠不顧而言他。次日，天津府知府馬松浦太守來見，曰：「奉傅相命，隨公乘船觀大沽炮臺。」文莊於舟中，以昨日之語告之。太守慨然引為己任，其實不過千金之數而已。文莊將出京，向王辭行。王送將至門，僕屬耳有所言。王謂文莊曰：「馬松浦還費心。」當日受賂甚微，猶不苟如此。於斯益見文正之守經，文忠之從權。然其雄才大略，信足以長駕遠馭，後之人不可企及也已。

石方伯師爺主政

先文莊贛藩前任為文友石方伯，與恭王有姻，性愚暗，不明政務，幕友門丁為政，頗有簠簋不飭之名。劉忠誠偶有諮詢，輒對云：「俟歸，問王師爺。」忠誠忿之甚，輒謂人云：「他日吾命戈什，以繩繫王師爺來。」方伯亦云：「彼如命戈什繩繫王師爺，吾將使轎班鏈鎖高師爺。」忠誠竟無術處之。忠誠每歲年終密考，加以貶辭，而無如之何。時江督為曾文正，又於密考中貶之，而仍無如之何。文正詫曰：「文友石誠大有力，吾兩考之而不動。」其後三年大計，以「疲軟不謹」四字注之，乃得開缺。

江西京官參劾地方引火燒身

先文莊簡贛藩，未出京之先，時江西京官正以地方州縣浮收漕糧為詞，與本省撫藩互相辯論，因公宴文莊，且請紓民困，文莊諾焉。過津，見李文忠而告之，文忠曰：「公失詞。夫款項至於十餘萬，絕無乾沒之理，意者外銷必有須於此者乎。」及履任，查出用途，以學政棚費為大宗，其他零星外銷雜費不可勝計，乃知文忠言果不謬，據情詳請覆奏。未幾，江西京官由胡小蘧總憲領銜，再上一疏，愈唱愈高。謂提學使者有養廉，何可濫取之民，且責問「江西豈無一廉吏耶」？忠誠雖以生員出身行伍，然彼時生員非末流之比，文筆正自不弱，方擬稿，言「總憲任貴州學政途中，有受賄情事，此時在查辦中，豈有不取棚規之理！君上之前，不可欺飾也」。語意頗憤憤。幕客高杏村云：「似此措辭，近於互訐，無益也。不知胡公之田賦納也未？」問之新建縣。知縣對曰：「十七年矣，只納一年。」於是由杏村主稿參奏，其中警句云：「以五百畝之多，豈無一隅膏壤；以十七年之久，豈無一歲豐穰。」前輩口述如此，今觀《忠誠奏議》，字句稍有不同，似後人增飾之。當時忠誠曾云：「彼曾納一年，不慮其自訴耶？」杏村曰：「彼惡敢然！」奏入，總憲受處分降三級。同時以黔案處分降四級，至正五品。旋補卿缺，久不升遷，遂致仕。

李士芬罵知府為龜豎

李芋仙大令為曾文正公弟子，嗣需次江右，文正為說項於劉忠誠者屢矣，甚或為之解曰：「聞公買書，欲有咨詢之處，芋仙，其人也。」忠誠不重文人，卒不遂所請。及先文莊任贛藩，大令來見，談及文正，亟出布包於懷，側身尋檢良久，出文正所與批牘，中有獎勵之詞，若不勝榮幸者。文莊曰：「已矣，勿復言，須後命。」既而以告忠誠，俾署臨川縣事，忠誠有難色。文莊曰：「彼一愚騃書生，姑令得眥以去耳。」忠誠乃許之。往甫及一年，虧空近兩萬。當時因文莊定新例，知縣交代不清，不允到省。大令及門，門者弗與通，大令力撲之，僨於地上，而自登客堂。僕人曰：「主人歸臥室。」大令大言曰：「吾從入臥室，如何？」文莊聞之，命呼首縣。未幾，首縣進見，引之客室中。文莊出，厲色嚴詞責李大令，申斥備至，曰：「汝欠官款違省例，而強橫若此，豈反叛乎！汝在撫州府知府幕客室中吸鴉片煙，行為已極不法，反謾罵知府為龜豎，天下焉有無賴龜豎之知縣如爾者乎！」叱出。大令長跪乞宥，不許。命首縣先行看管，當治以應得之罪：革職、查抄、監追。既而或為之緩頰，文莊曰：「吾責其交代而已，豈有他哉！」大令聞案情稍弛，復作態曰：「是曾罵我。」文莊笑且怒曰：「國法，長官罵屬下，必面見耳聞、證據確鑿者，得降級留任以下處分。我視官如敝屣，惟區區者欲與我相角，不值一角耳。」未幾詔下，曰：「可會河南省，有應監追而逃走者，吏部定例以後，首縣親視入監。」李大令捧書不語，俯首飲泣。

既而事經年餘矣，文莊已權撫篆，屢得李文忠函，為之關說，文莊命緩之，遂逸至滬。嗣文忠書中又言及之，曰：「芋仙在申，他日《申報》對公譏刺之詞必不已矣。」文莊復書曰：「夜行於鄉野，遇犬吠，明知其有嗾之使然者，然不至毀衣傷膚，任之而已。大庭廣眾，忽逢優伶扮小旦，來前頌揚功德，辱斯為甚。流俗毀譽，何足為憑。」然終大令之世，《申報》中不載詆毀文莊之文，《天瘦閣詩》半在此時期，並無怨語，自前至後，均未言及罷官事。且全書中，絕未見疑似之間，有譏刺之處。於此可見，舊日文人尚知自治。大令故後多年，此一段公案，屢見報章後幅瑣記，於大令當日之事諸多掩蓋，而將實情露出一二，並非全出偽托，使人不能不信以為真。料想大令在滬，不敢著之於書。文人狡獪，口舌之間，喜佔便宜，不免粉飾，以與人言。輒轉相傳，承訛襲謬，時或不免。茲紀其大略如此。

劉秉璋助盛宣懷

招商局創辦之始，攬各省海運。武進盛杏蓀觀察至南昌，以李相書為介。新寧劉忠誠公開府江右，先文莊任布政使，為之上詳。忠誠命司道會議，多以為難行。文莊以李相故右觀察，輒言其利便，反復申述。同官中，候補道廖芷汀哂曰：「中丞所不許者也。」文莊曰：「既中丞之意，曷不早告，奚用多言為！」乃已。及至文莊撫浙，觀察來見。已得所請，復以海運例有保案，乞以獎勵商局職員，而令照籌餉例，納其貲之半數。文莊曰：「是二折賣捐耳。」笑謝之。然終愛其才，不之惡也。觀察以南皮薦授京堂，修鐵路，名滿天下。常云：「苟有見我者，吾能令之賞識。」徐蔭軒相國永拒不見，無如之何矣。

彭玉麟直道而行

李文忠在曾軍時，頗受湘人排擠，畢生心中，不免有芥蒂。致先文莊書，於左文襄則曰：「湘人胸有鱗甲。」於彭剛直則曰：「老彭有許多把戲。」「把戲」二字，即歐美政客手段。猶惜剛直生於彼時，且生平未辦外交，不曾精研而一試之。論其本指，直道而行，尚是湘軍初起講學宗風。查復劉忠誠被參「多妾吸鴉片煙」一摺，言多妾因無子，吸鴉片煙因治病。忠誠見之，愠曰：「是代我認罪矣。」剛直與忠誠，鄉誼友誼兼而有之，而猶如此，何況其他乎！

勞崇光在粵

《庸庵筆記》盛稱勞文毅在粵鎮定之功。《越縵堂日記》於咸豐甲寅文毅移督雲貴詔下注云：「聞從英人之請。署黔撫韓超罷任，以張亮基兼署，不見明諭，亦出英人意也。」二書記載不同。新寧劉忠誠由贛撫移節兩粵，先文莊以贛藩繼任，於其行也，餞之於百花洲。酒酣，同官各有頌詞。忠誠起謝，已而曰：「聞前任在羊城，每日作烏龜一次，此真難乎為繼耳。」時文毅諸公子中，有需次江西者，且適在座，同官為之大窘。

沈葆楨抵制外人入境

劉忠誠簡粵督，先文莊繼為贛撫，臨行時，問以舊令尹之政，忠誠密告曰「吾聞諸沈文肅：南昌本無教堂，教士偶然一至。每出，則有某把總潛率所屬，衣便服，隨其所往而蹤跡之。行不多程，土人未知所以，往觀者眾，必露擾亂之狀。內地居民少見多怪，乍遇碧眼虬髯之客，譏笑詈罵，不一其態，因之無識兒童拋擲瓦石，所不能免；市井無賴乘間竊發，有群起而攻之勢。外人不通言語，初不之覺，既而微知情節，則已身入重地，必形驚懼。把總及其下便衣兵卒，暗加保護，而導之以至縣署，乃正告之，令其速離。自文肅至此，撫臣兩任，皆以是術抵制外人入境」云。

觀此，可見六十五年前之外交政策。把總受祕密任務，頗著能名，長官垂青，常有優差調劑，益覺志得神暢。惟小人欲壑，終無滿足之理。一日，忽往見文莊求退職，文莊召入便室一見，問曰：「久不見汝，而竟衰敝，不復能任事耶？」把總以為未解其意，許其解職，惶遽不知所對詞。文莊徐言及他，有頃，曰：「吾以汝為老邁不堪矣。今與語，精神如故，材力猶可用也。往矣，勉盡爾職。寧謂此戔戔者，不足於汝求進之路乎？」把總既退，文莊嘗曰：「吾不善用權術，對於此輩，則不能不稍改常度矣。」

中英煙臺之約始末

英人馬嘉理由滇往緬甸，道經騰越，執有護照，沿途所在，照約應為護送。比其反也，被害於途。地方諉為未經知會，而其從人得官兵號衣作證，以為官民合計謀殺。英使威妥瑪與譯署議不協，下旗歸國，道出天津，見李文忠。督撫衙署體制：由門役達號房，由號房達門房，由門房達簽押房，非有貴客，各處未必一見即行，常有阻滯，於是門外之客不免久候。時值夏令，威妥瑪曰：「不能殺我，殆將渴死我耶！」怒而行，遂往滬，使其參贊某稍留，復約會晤，談及滇案，諉罪於官，雖岑襄勤亦遭波及。李文忠意輕參贊，詞意不甚恭敬，謂其情節未必確實，而合肥土音，此老一生不變，曰：「汝謊。」譯者以辭害意，遽責其欺。西俗以謊語應墮地獄。參贊怒曰：「公奈何厥口詛祝！」亦負氣去。未幾，譯署使赫德尾追而至，跟蹤至滬，威妥瑪不欲回津，李相不允赴滬，乃折中而有煙臺之約。賓主一堂相聚，前嫌頓釋。威妥瑪約文忠登英兵輪觀操，其時吾人於外情尚未深悉，且先有葉名琛登輪一去不返之鑒，深入人心，從者咸請辭謝。文忠毅然而往，不稍游移。臨別，威妥瑪執其手曰：「吾今服矣。」文忠此舉固有定識，而隨員中有丹徒馬眉叔，通達中外情勢，頗有翊贊之功云。

李鴻章能知大勢

李文忠生平以洋務受謗，固由於吾國人之昧於大勢，抑亦西人不知內情，過於崇奉之故也。伊犂之役，戈登遠至，文忠欣逢舊雨，欲舉闔外以相屬，戈登許諾。俄人抗議，戈登願脫英軍籍，而外交政策無如之何。出觀隊伍，喜盛軍，曰：「率此以往，足以禦敵矣。」戈登者，客將也，先引至譯署，將加重用。當時王大臣十餘人，莫有所主，惟視恭王言動為進止。王一啟口，則群聲相應，無一語得其要領。戈登怒，歸謂文忠曰：「速予兵五千，先入京清君側，再議西征。」於是不歡而去。

穆宗賓天，以無嗣子聞於外。法使熱福理曰：「不如李某為帝。」雖屬空談，不免流露。其後八國聯軍至京，深恨吾國攻擊使館之不道，有言立曲阜衍聖公為主者，有言立明後者，究以不當事情而旋止。瓦德西至，見吾國無釁可乘，使德璀琳謂文忠曰：「各國軍艦百餘艘，擁公為帝，可乎？」文忠笑謝之而罷。以此言之，匪特吾人不知敵形也，敵人欲知吾國虛實，殆亦不易。惟文忠為能知之，故任何笑罵，不失英雄本色。不然，使人耳而目之，曰：「此欲為帝者也。」其將何以自容哉！

彭玉麟談楊乃武案

葛畢氏案發，先文莊時為贛撫，居南昌。前撫劉忠誠在任，彭剛直出巡，每至湖口，必繞道之省一行。及是復至，曰：「南昌非吾汛地也，往日因訪峴莊來。今當公任，過而不入，公其以吾為簡矣乎。」文莊留之飲。剛直居杭久，築室西子湖，與俞曲園為姻，知時事甚悉。談及葛畢氏曰：「葛畢氏人盡夫也，非楊乃武一人。葛品蓮任其所為，本無取死之道。然乃武雖不殺品蓮，品蓮實因乃武而死，蓋有由焉。先是，乃武狎葛畢氏，往來甚頻。杭人多樓居而臨衢，一日，乃武與葛畢氏坐樓上，適錢塘縣夫人出，輿從甚都，乃武戲謂葛畢氏曰：『是奚足奇。待我得鄉舉，揀選知縣，汝殺而夫，從我履任，汝即肩輿中人也。』未幾，乃武果中式，榜後填親供，見師門，酬賀客，打抽豐，終日碌碌，尚未與情婦相見。葛畢氏惟記前言而樂之極，竟不及待而致品蓮於死地。杭人以品蓮死為有異，且無不知葛畢氏通於乃武之事，以乃武為主謀。知其當然，而不知其所以然，問官以此定案。不幸品蓮受鴆之日，正當乃武會課之時，獄詞稍有罅漏。一經部駁，無從掩飾，全案皆翻。都中士夫言事，多偏於理，而未審天下事出於理外者正自不少。適丁文誠入覲，頗持正論，終不能解鑠金之眾口。此則自宋以來之通病，而毋容諱言之也。」

鴆人無跡之法

彭剛直談葛畢氏案，任筱沅中丞時為江西提刑按察使，適同在座。先文莊曰：「葛品連覆驗無毒，苟鴆死而使無跡之法，有諸？」中丞曰：「有之。吾為縣令時，遇一謀害親夫案，查無實據。既判無罪，行將釋之矣，夫弟上訴不已，省署發縣復鞫。吾百思無術，乃呼犯婦入內室，屏人，令夫人密語之，曰：『茲縣令與汝為同舟之人矣，果得其情，汝判罪，縣令隨之落職。汝曷以實告，俾共圖之。汝夫為汝與姦夫毒死，確乎？』犯婦良久乃曰：『確也。姦夫市砒八兩，令每日於食物中下一分，不及半年而毒發。』藥性由漸而入，故驗之不得云。」中丞又曰：「至此，吾亦無如之何，不得不為之祕密矣。」文莊曰：「然則夫弟不將反坐乎？」中丞曰：「定例：死罪反坐減輕。」坐客皆嗟嘆不已。

姦婦幸得逃脫

同時江西有謀死親夫之案，與此相類。有與婦通而鴆其夫者，其致死之處，在死者之家。劉忠誠公任內，姦婦判不與聞定案。先文莊覆審，謂殺人於其家，使婦人不同謀，何從著手？疑姦夫自知將死，為情婦開一生路，早有預定之計。問官不加細察，據以錄供。質諸發審局，一再推敲，果然。時文莊欲為更正，局員云：「如此，則前任有應得處分。」以忠誠方履粵督新任，同官固不肯為此也。文莊問局員曰：「然則奈何？」對曰：「如犯婦本不知情，而夫死之後仍與續姦者，亦得死罪。」已而，婦人自認知情，不認續姦，竟無如之何。未幾，大赦釋出。此則誤解經書「罪疑惟輕」四字之弊也。

南京三牌樓殺人案

鞫獄處分：失出五案以上，臬司降一級調用，督撫降一級留任，准抵；失人一案，臬司降二級調用，督撫降二級留任，均不准抵；故有「救生不救死」之說。然盜案則特重，僅下於逆案一等。十人為盜，劫一人家，十人皆死罪，欲減輕其一，必先為之開脫，言僅把風而未入門，亦不免煙瘴充軍。州縣親民之職，苟境內出盜案，限中未能緝獲，則展期半年為再限，三限至四限為止。過此四限，則開缺候緝，謂之「四參案」。地方官不幸而罹此咎，較之貪贓革職為尤甚。革職能另案開復，此惟有捕務之一途，捨是則萬劫不復矣。故官聞盜則窮治，役聞盜則急追。人家匿盜，則立往自首，恐為窩家所牽累。途中遇盜，則群起而攻，否則望鄰見證，亦難免禍也。以中國幅員至廣之域，人民良莠不齊之眾，承平之際，時無論日夕，地無論遠近，一人獨行而不憂其不至，一人獨居而不慮其有他，非治盜之重典，曷克臻此！

末流之弊，州縣四參之例不及四屆，皆輾轉請托，力求調任，而視朝章如具文，一也。鄰近州縣偶破一案，則事無論若干起，賊無論若干人，期無論若干久，悉令自承而不問情真罪當，二也。南京三牌樓殺人案，業將曲學如、僧紹宗認為凶手，誣服論抵處決；而真殺人之周五、沈鮑洪在他處就擒，供出前節，遂興大獄。斯由於承審官洪琴西都轉非刑案老手，輕易起稿，未曾豫為之地。先死之曲學如、僧紹宗本屬無賴，不問斬決、杖斃、瘐死，均非冤獄，宜定為主要罪人；而以餘犯待查，為虛下之筆，則他日縱有正犯，另造口供，認為幫凶，俾無罅漏。則可以自圓前說，不致矛盾，為人受過矣。都轉以能吏為時所稱，陳臬開藩，皆指顧間事，不幸因此落職，一蹶不能復起。光緒癸未，先文莊簡浙撫，過津，將航海往。李文忠專船送行，時招商局方製新艦曰「海晏」，乘至上海，與都轉同舟，途中頗羨西湖之勝景。文莊因其案情之重，畏清議，未敢延納也。都轉往粵，未幾病故。張文襄為請開復，甚費躊躇，見于晦若侍郎手書李文忠函稿，於此，猶足徵盛時恤刑之意云。

代杖頂兇，比比皆是

薄罪代杖，重犯頂兇，極平常事也。明中山王故宅抄沒歸公，當鼎革之時，謂屬賜第，取諸國帑，無人能為之辨。既而宅改提刑署，一犯因加杖而呼。問之，則宅裔徐青，代人受刑，言定仗數錢數，不虞承審官之增重也。王孫末路，無足深論，類此者遍處皆是，無可諱言已。頂凶每出於械鬥，本有死罪，以一死免眾人之死，而許贍其妻子。或同罪而因其貧，或非貧而抱惡疾，案件雖多，案情大率如此。河南斬犯胡體安臨刑呼冤一事，殆兼茲二者而有之。王樹汶，劫案要犯，本應處決，差役得胡體安賄，縱之去，而令樹汶兼承兩罪；不意當場舉發，反得減等，可謂狡已。光緒初年三大案，誤也，非冤也。主持平反者，後皆失意，歷歷可數云。

刑幕功用大於律師

紹興刑幕，師弟相傳為業，初學必自大幕始。年滿之後，隨事勤習，師以為可，則薦往州縣，由道府過司，至督撫署。年事既到，則資望隨升，格式盡通，則操縱在握，無他長也。夏嗛甫大令以知縣需次豫章，值先文莊開藩江右，嚴定州縣追欠章程，欲清軍興以後積習。大令來乞見，文莊責其交代。大令曰：「能交代與不能交代之故無他，缺有肥瘠之殊而已。侏儒飽欲死，臣朔飢欲死，奈之何！」文莊曰：「啟口引書，知子為學人矣。天下書汗牛充棟，有教人賴債者耶，何況庫款！」時，視學使者，許恭慎也，為大令緩頰，求補過失。文莊曰：「今將有缺出，彼欠交代，弗能與也。公告其速繳。」恭慎以語大令。大令思稍頃，曰：「缺耶，其玉山乎，妙之至矣！非此，固不能令我食而肥也。」旋還前欠，往玉山任。更虧巨萬，倍舊數，未及受代而逝世。沈文肅是時督兩江，函勸勿登白簡，將以入先賢祠廟。文莊命將大令所著《明通鑒》板歸江西書局，折其欠數，其家不可，乃復文肅書曰：「我彈劾而公開復，各行其是焉耳矣。」

大令在官，有一事，為流俗所稱許者，為杖斃教民十八名一案。大令呈文，洋洋數千言，以為絀邪崇正，除暴安良之計，莫便於是者。文莊曰：「奏入，教士譟於朝，汝落職，朝廷旰食矣。」大令懼而退，謀諸撫幕高杏村，改為械鬥致死，並造口供以實之，由縣而司，會詳以上，幸而免咎，則刑幕依法成讞之功也。後十有餘年，文莊移督四川，未及到任而有重慶教案。教紳羅元義以亂民將攻教堂，傴眾拒鬥，殺傷踏斃十餘命。欲加以重罪而毋詞，謀諸督幕臧吟樵、胡山農曰：「吾欲梟羅元義，以徇於眾，俾知所戒，其可乎？」對曰：「案有由，其可哉。」乃共定讞詞曰：「死由於踏，踏由於追。罪坐所由，比以械鬥為首之例，尚覺情浮於法，應擬斬梟。」疏入，報可。會電線方展之渝，立電就地正法。法使為之請，固已無及。刑幕功用較之律師，似無不及。

裕祿斬李世忠

《湘軍志》言，李世忠落職閒居後，朝中尚疑其有異志，曾文正在江督任中，密使偵察，至其家，則已竹籬茅舍，種花蒔竹，不復與聞外事矣。湘綺老人此章記載，不知何據。世忠居安慶省城，揮霍如故，久之難以自給。開設鴉片煙館，以為生計，窩藏匪類，自不能免。會有斯文敗類，因欠煙資，為其所辱，糾眾復仇。世忠野性，豈堪受此強制，亦號召徒黨械鬥，兩方頗有傷夷。時裕祿為皖撫，裕庚在幕中，聞之，召至撫署，言將有所戒飭。世忠敝衣破履，從容而來，殊不經意。入門，遂禁勿出。疏請處之重典，制曰：「可。」詔書至皖，裕祿先勒兵，嚴為之備。中夜，取世忠出行刑。世忠見燈火滿前，兵刃夾道，知不能免，夷然曰：「我昔居巍位，若有詔賜死，當先謝恩。」令人取冠服來。裕祿不許，遂誅之。世忠本劇盜，綜其所行所為，一死不足蔽辜，然臨刑數語，猶有磊落之象。裕祿用法，以事論事，則失之過甚。湘綺老人《湘軍志》一書，評者多訾其不實，吾於此亦云。庚子拳亂，裕祿任直督，不之問，反與匪魁張德成、曹福田分庭亢禮，致釀大禍。若以輪迴報應之說定之，張、曹定為世忠後身。裕庚夤緣至出使大臣，歸而沾染洋風，至譯署，置冠於地。袁爽秋太常入而訝曰：「冠胡能近履？」裕庚曰：「西俗如此。」太常云：「俗自西而人自東，雖學之貌似，無益也。」女德菱供奉內庭，著英文《清宮二年記》，於禁中事言之頗詳。

監獄有分等級

雲南報銷案，周瑞清等入刑部獄，費至三千金；龍繼棟等羈關帝廟，費至二千金。瑞清得小室三間，繼棟止一間，可自攜僕作食，且通家人、賓客往來。否則僅一小土炕，以兩獄卒敝衣穢垢者夾持之，飲食皆草具，不許一物納入矣。望溪《獄中雜記》，有老監、現監、板屋之分。貧者繫手足入老監，有資得脫械居板屋，費數十金。至光緒初，至百倍以上，可畏也。望溪言韓城張公廷樞、靜海勵公廷儀悉革其弊。又合肥李氏述其先德相傳，文忠尊人愚荃侍御為提牢廳時，加惠於獄囚云。然世縱有三公復生，僅片時之蘇息。獄卒窟穴其中，一或疏忽，則故態復萌，根株不能盡絕也。

左宗棠被稱「小諸葛」

左文襄幼年自負，幾不可以一世，人稱之為「小諸葛」，公有時遊戲筆墨致友人書，自稱「老亮頓首」。其後豐功偉業，媲美武鄉，可稱佳話。常謂後人思想薄弱，不敢以今擬古。武侯所當曹操、司馬懿，對手較為勁敵。然文襄勳績，南平閩、越，西定河、湟，過於六出祁山遠矣。

恭王不用左宗棠

左文襄西征之後才智已竭，所謂鞠躬盡瘁者，是也。入贊綸扉，參預密勿，乃醇邸用南城輿論，以為左勝於李。及見其衰憊，不免爽然若失。舊例：軍機大臣惟領班一人上奏，其餘則不問不敢對。文襄越次而為王德榜求缺，蒙恩許諾。及下值，議令德榜謝恩。恭邸徐諷之曰：「且俟詔下。」乃已。李文忠奏報永定河堤坊一摺，樞臣以文襄為外任，熟於其事，引與計議。文襄曰：「宜先往觀。」欲即行。恭邸訝曰：「不待奏准而遽出京，若上問及，將何辭以答？」文襄曰：「然則舉動必待奏准耶？」恭邸曰：「內廷中，是則然矣。」

張樹聲奏調張佩綸幫辦水師

以下僭上，惟君臣之禮宜嚴，師弟則稍殺矣。聖門之中，有尊卑之別，不可稍逾。曾子責子夏曰：「吾與女事夫子於洙泗之間，退而老於西河之上，使西河之民，疑女於夫子。」隱然有天澤之分焉。劉焉、劉璋父子，相繼為益州牧，劉表譏其有西河之似，可謂罕譬而喻。庚子議和之役，李文忠居賢良寺別宅。建德周玉山制府，時以直隸布政使為隨員，寓寺東院，有時乘肩輿而出，京朝官自侍郎以下所未有也。于晦若侍郎譏之曰：「如劉璋之在蜀。」此制府一時任意，侍郎亦一時戲言耳。

實有其事者，惟文忠丁憂之時，張靖達護理直督，庶乎近之。其奏調豐潤張幼樵學士幫辦水師，有參四道八鎮之說。斯時學士直聲振中外，挾以自隨，實為示威屬下之意。詔責其冒昧，弗許。相傳公子靄卿部郎，清流黨人也，與之為友，先得其同意，而後奏入。學士語人曰：「事誠有之，而未之允，疏已遽上，誠為憾事。是日考差，余適有小功之服，未之前往。不知者以為避考待旨，尤為誤會。」未幾，靖達至京，遇學士，謂之曰：「吾嘗讀《四書》文矣，冒昧足以僨事，冒昧亦足以濟事。」學士一笑置之。然靖達遂以是得罪南城輿論，直至移督兩粵，開缺從軍，眾口雌黃，猶未已也。

醇王處理朝鮮之役失策

朝鮮之役，以國王本生父大院君與閔妃爭權，王外迫於所生，內逼於所愛，處置不善，致啟內憂而興外患，人人知之，不待言矣。大院君，朝鮮守舊黨也，心嚮吾國，為息事寧人之本。朝鮮國家大計，固莫便於此。閔妃喜新法，少年急進之徒，誘以自強之說，而不自度德量力，實為亂階。變作，朝廷遣將出師。吳武壯率兵以往，即先文莊部下之親慶軍，於捻平之後，留駐北省，拱衛京畿者也。武壯軍人，不諳外交。時張靖達署直督，使丹徒馬眉叔同行。入其國，知其情，欲去禍源，有投鼠忌器之勢。

當時之上策，縱亂卒戕害閔妃，誠一勞而永逸。其後日本定朝鮮之亂，即行此計。武壯見未及此，知弗能治閔妃之罪，更無詞可使出境，必不得已，攜大院君還。譬如二人互鬥，其過在甲，因有他故，不能使甲離其地，而強乙以去，亦不失為中策。使吾國於大院君之來，優加禮貌，使之樂而忘返，未始非息爭之一道。乃視若俘虜，待如囚犯，安置於保定府。屬國忠誠之士，反在羈禁之中，人心不平，藩邦觖望，莫甚於此。醇王以皇帝本生父當國，視大院君為同類，本乎一人之私，不顧國家大患，又無故而縱之。反使大院君一黨，服事我者既已灰心，閔妃一黨，謀叛我者更生異志。不及十年，東學黨再起，而世事不可問矣。

李鴻章遙執朝政而慎名器

母弟輔政，周公猶有疑焉，況下者乎！一誤再誤，雖宋太宗，未免於僭，餘可知已。惇、恭、醇三王，猶有皇王氣概，非宣統間親貴之比也。咸豐朝咸不見用，天子之弟，不必有以自見，頗得養晦之道。文宗用人，惟賢是尚，不分滿漢，皆肅順匡輔之功。秋獮熱河，以軍符予曾文正，實開中興之業。不幸帝乃殂落，三奸夷滅，恭邸當國，陰行肅順政策，親用漢臣，李文忠尤其倚賴，凡所措置，足奠邦基，直至宣統末年，宮禁並無失德，頗足彰明一朝盛治。

德宗嗣位初年，醇邸欲以左易李，既知不可，任之益專。文忠坐鎮津門，朝廷大事，悉咨而後行。北洋章奏所請，無不予也。淮軍將校果有能者，無不用也。臣下彈章，如黃漱蘭侍郎、朱蓉生侍御，皆立予譴責，不能動也，較之他日疆吏賄買當國者，殆有異焉。文忠安內攘外，聲望極一時之盛，當賢王倚畀之日，正外邦傾服之時。然地位愈高，益自隱晦，威福之柄，殊不自居。張文襄督粵，使王雪澄觀察觀政於北洋，往見文忠。文忠知其習滇事，諮諏甚備，而無暇及於新政。觀察歸至滬，見諭旨擢用岑襄勤，一切設施，悉如所言，乃知文忠之才大心細，而當局之言聽計從也。

曾惠敏歸自歐洲，文忠以文正之嗣，親近異乎尋常。惠敏年富氣盛，略示欲得兩江之意。文忠曰：「以子之才地勳勞，且承先德，何不可者！江南地大不易治，先試諸陝甘，何如？」惠敏怒曰：「雖死，固不願往。」既而，醇邸屢以惠敏位置為問，文忠曰：「徐之以老其才。」惠敏困於譯署，鬱鬱而卒，病中頗懟文忠負義，時人方知文忠遙執朝政云。又有一事，足以與此互相印證者。張靄青觀察，南城謂之「清流靴子」，譏其比之於腿，猶隔一層也。又謂為「捐班清流」，而乃翁靖達為「誥封清流」，以善與諸名士交，而有是稱。觀察才識，文忠固所夙知。先文莊以姻婭故，益加青睞，需次入蜀，立予鹽差，旋補建昌道缺。致書文忠，薦為按察使。文忠復書曰：「朝廷黜陟，從不與聞。」再請，則曰：「道員升臬，鯉魚躍龍門，談何容易！」其諱言權勢而慎重名器如此。

山東巡撫陳雋丞去官

李文忠坐鎮北洋，遙執朝政，凡內政外交，樞府常倚為主，在漢臣中，權勢為最巨。生平持盈保泰，從不敢擅作威福，雖參預密勿，惟恐人知。素與先文莊交善。今觀所遺書牘，一再表明其志，可見時人誤為宋之賈似道、明之嚴嵩。然宋人劾似道，明人劾嵩者，俱有奇禍。今人劾文忠者，充其極，至御史回原衙門而已；猶可藉此得美名，博取人間富若貴，亦何憚而不為哉！推原其故，文忠雖無不滿於人意之處，然李氏族大人眾，良莠不齊，與民爭利，倚勢凌人，恐不能免。其致怨也，或以此之故與！

先文莊丁憂起復，入京過天津，寓文忠行轅，與趙子方觀察居一院。子方密告「傅相疏薦」，旋見而言謝。文忠笑曰：「子方洩我幾事矣。內意將簡東撫，以法、越生釁，浙省海疆事急，陳雋丞求調，因移雋丞於東，而以浙江借重使君云。」其後醇邸閱海，雋丞中丞不諳諸王儀制，為備行館於煙臺，用黃緞繡龍鋪墊。醇邸行時，唯恐太后見疑，特請李蓮英自隨，名為優禮親藩，以內廷宮監齎送往來，出於體恤之誠，隱寓監察之意。聞地方供給越出禮外，托詞不復登岸。張勤果從辦海軍，勳勞甚著，隨節出巡，遇事輔相，頗為邸所激賞。未幾，黃河決口，雋丞中丞去官，勤果即繼其任。《清史稿》採取斷爛朝報，似未貫串。

胡雪巖致富之因

《清史》而立《貨殖傳》，則莫胡光墉若。光墉，字雪巖，杭之仁和人。江南大營圍寇於金陵，江浙遍處不安，道路阻滯。光墉於其間操奇贏，使銀價旦夕輕重，遂以致富。

紅頂商人胡雪巖

王壯愍自蘇藩至浙撫，皆倚之辦餉，接濟大營毋匱。左文襄至浙，初聞謗言，欲加以罪。一見大加賞識，軍需之事，一以任之。西征之役偶乏，則借外債，尤非光墉弗克舉。迭經保案，賞頭品銜翎，三代封典，儼然顯宦。特旨賞布政司銜，賞黃馬褂，尤為異數矣。

胡雪巖可操縱國庫

光墉藉官款周轉，開設阜康錢肆，其子店遍於南北，富名震乎內外，僉以為陶朱、猗頓之流。官商寄頓貲財，動輒巨萬，尤足壯其聲勢。江浙絲繭，向為出口大宗，夷商把持，無能與競。光墉以一人之力，壟斷居奇，市值漲落，國外不能操縱，農民咸利賴之。國庫支黜有時，常通有無，頗恃以為緩急之計。

胡雪巖之破產

先文莊撫浙之初，藩庫欠光墉資二十萬，尚不知其為何如人也。光墉見，稱述中堂不置，而莫明其為誰。問之，乃湘陰也，笑而遣之。未久，光墉以破產聞。先是，關外軍需，咸經光墉之肆。頻年外洋絲市不振，光墉雖多智，在同、光時代，世界交通未若今便，不通譯者，每昧外情；且海陸運輸利權久失，彼能來，我不能往，財貨山積，一有朽腐，盡喪其貲，於是不得已而賤售，西語謂之「拍賣」，遂露窘狀。上海道邵小村觀察，本有應繳西餉，靳不之予。光墉迫不可耐。風聲四播，取存款者雲集潮湧，支持不經日而肆閉。

胡雪巖遣散妻妾

光墉有銀號一、典二十有九、田地萬畝，其他財貨稱是。上海、杭州各營大宅，其杭宅尤為富麗，皆規禁御，仿西法，屢毀屢造，中蓄姬妾輩十餘人。先一日，光墉由滬而杭，盡呼之集一堂。自私室出，立即下鍵，各予以五百金遣去，不得歸取物，有懷挾者任之。光墉選艷，惟愛幼孀，以為淫佚恣意之便，本無一人崇尚名節，故一鬨而散，毋稍留戀。

劉秉璋清理胡雪巖業產

次日，光墉將其業產簿據獻於文莊，不稍隱匿。在落魄之中，氣概光明，曾未少貶抑。文莊為設局清理，令候補州縣二十九人接收各典，皆躊躇莫知所對語。文莊謂此二十九人者曰：「諸君學古入官，獨不思他日積貲致富，設典肆以謀生乎？收典猶開典也，不外驗貲查帳而已。」

胡雪巖被追債情況

文協揆存款三十五萬，疏請捐出十萬，報效公帑，其餘求追，以胡慶餘堂藥肆之半予之。孫子授侍郎乃文莊庚申同年也，有萬金在其銀肆內。張幼樵學士來書云：「子授得失尚覺坦然，而家人皇遽，慮無以為生計，乞為援手。」亦諾焉。其外，京朝外省追債之書，積之可以丈尺計。則一時闤闠中擾亂情形，可想見已。

有僧索存款而不可得

前一歲，有僧以貲五百元存於杭城典肆，肆夥以為方外，書名不便，拒而不納。僧以木魚敲於門外三日三夜，光墉偶過其處，問故，許之。及是，僧至取款，不與，則敲木魚不止，肆夥笑謂之曰：「和尚，汝昔以三日三夜之力而敲入，今欲以三日三夜之力敲出，不可得也。」不得已，而以婦人衣褲折價相抵。僧持，泣曰：「僧攜此他往，誠不知死所矣。」揮淚而去。其流毒類如是。

胡氏物畫易主

是時，賈商販豎挾胡氏物出售者，其類不可勝數，罔不顯其奢麗，其屋上雕鏤、室中几案、園內樹石，每易一主，輒遷移以去，至於清亡而未已。

胡母逝不逢時

光墉未幾即死，其母旋亡，距七十壽筵不足一歲。杭人謔之曰：「使母早三月逝，當備極榮哀之禮，此老婦人真以壽為戚矣。」

胡雪巖有後嗣

《海上花列傳》中，黎篆鴻即光墉也，語焉未詳。傳中有女婿朱淑人，今亦無考。然光墉有後嗣，慶餘堂之半仍為彼有，營業至今不衰云。

劉秉璋招降黃金滿

臺匪黃金滿，逸盜也。盜既逸出，天涯地角、海澨山陬無不可以容身，雖欲緝獲，無剋期必得之理。當時大亂初平，人心未靜，不逞之徒，輒假之為標幟。江浙兩省，每遇盜賊之案，均用影射。甚至蘇州文廟，以金滿名易入神位，尤為駭人聽聞。先文莊任浙撫，詔旨督捕甚嚴，復使彭剛直往浙，專治其事，而渺不可得。會舊部文員中徐春榮，杭人也，與天臺縣廩生謝夢蘭習，令夢蘭入其穴，招之來降。問以近日江浙兩省事，均茫然不知所以。春榮引之入見，乃一委瑣不堪之賊也。文莊謂曰：「為盜而梟首於吾轅下者，不知凡幾，爾犯罪累累而許以不死，何其幸也。」金滿作向前勢，曰：「撫臺命我前進幾步，即上前幾步。」又作向後勢，曰：「撫臺命我退後幾步，即退後幾步。」文莊曰：「如此，良佳。」

及剛直入粵督師，攜金滿往，且為之娶。至粵，來書曰：「金滿又納妾，從此不思為賊矣。」同時清議頗不以招降為然，文莊於始早為之計，令臺紳請於剛直，剛直許可，乃會閩督何小宋制府銜入奏，而言路彈章仍復不免。一日，文莊至幕客文芸閣孝廉室，見一箇，為盛伯羲祭酒書。論及金滿案，言一劾不許必再，再劾不已必三云。及時過境遷，皆知金滿無貳。甲午之役，將用以拒敵，皆曰：「彭剛直招降之功也。」吾國士大夫毀譽，大率類此。

以弱遇強之言和

東晉焚石勒幣，壯哉！自此以後，莫能幾矣。然宋以歲幣奉敵，猶能言和，延祚百餘年而後亡。推原其故，國家尚有斷制之力，不為士夫所劫持。至明末，欲和而不敢和，可和而無以和，則莊烈之朝綱，不如真、仁、高、孝遠甚。而南宋道學方盛之時，尚有正氣，又非東林諸人比也。

道光朝，海禁大開，夷務為第一要政。於是挾一罅之見者哆口張目，發為快論，以隆虛譽而謀私利，置國家安危、生民禍福於不問。甚謂寧可覆國亡家，不可言和。郭筠仙侍郎《使西紀程》云：「不意宋、明諸儒議論，流傳為害之烈，一至於斯。」足為流俗箴砭，而遠大計畫未之及也。以弱遇強，必如周太王事之以皮幣、事之以犬馬，事之以珠玉；越王句踐十年生聚、十年教訓，乃足成霸王之業，滔滔者何足語此！

清流派與洋務派

天下事皆有兩端。一端以款為罪，則自命清流之列者也。當時諸名士，為首者稱四大金剛，負敢諫之名，為朝廷所重。一疏上聞，四方傳誦。平時諫草，輒於嵩雲草堂，為文酒之讌，商榷字句。有張某為之奔走，傳觀者呼為「清流腿」。其依草附木者，則以「清流靴子」呼之，意謂較之於腿，猶有間也。因而有貲者為「捐班清流」，有佳子弟者為「誥封清流」，由是互相標榜，以躋顯貴。既有捷徑，則人莫不趨，徒黨之眾，固其宜矣。

於是一端以款為主，恃「洋務」二字為妙用而致速化。越南事起，言事者多敗，惟愙齋依北洋，獲以保全。己酉之歲，日本遊士竹添靜一者，移書通商衙門，欲見吳江殷譜經侍郎及南皮張香濤太史。主者以聞，上知其人，屢加不次之擢。南皮遂由編修得司業，躋閣學，授晉撫。先以外力致貴，得志後不忘其本，用人行政，惟以洋務為重。於李文忠，則亦步亦趨，尤極其揣摹之工，非餘子所能望其肩背。及愙齋敗於遼西，清流之中，惟餘南皮一人，如碩果僅存，銳意新政，實得文忠心傳。再傳而武進、項城，南海、新會同時並出，遂屋清社。

淮軍最後將領

周武壯於軍務平後，駐防小站，以西法練兵，每日往校場親自督率。當時，北洋淮軍平日不忘武備者，以盛軍為冠。髮、捻兩役，舊將存者，亦惟武壯一人。甲申之歲，丁憂回籍，旋即病故。淮軍命運，於以終焉。

曾國荃具應變之才而善處功名

法、越事起，政府以曾忠襄督兩江，特召入覲。人人心目中，以為忠襄久於行間，嫻習營務，應變之才，或非所長也。及見張幼樵副憲論兵事，曰：「吾兄文正公盈滿是懼，吾亦成功而不居。不然，金陵既克，我師七八萬，皆百勝之卒，先打捻子，後打回子，再打鬼子，寧待今日！」見周小棠通政，有舊，稍作深談，曰：「我師今與西師戰，有十六字秘訣，曰：『先去先敗，後去後敗，同去同敗，不去不敗。』」值邊情日急，副憲、通憲常相見，述及，訝曰：「奈何於彼此之不同也？」翌日，會於譯署，恭邸問曰：「事將奈何？」時副憲、通憲及諸大臣皆在側，頗覺答語措詞之難。忠襄曰：「吾猶炮耳，諸公猶炮手，全權在握。諸公命勿動，炮之為物，靜物也，待命則已。諸公一撥機括，則彈丸立出。」當時聞者，四面均有照應。及去，僉服其應答之妙。

忠襄既履任，先將南洋兵輪大者五艘遣出援臺。法艦追逐至鎮海，攻擊月餘弗克，而吳淞反不被兵。江南防務，詔使閩縣陳伯潛學士為之佐。閩縣素好言事，忠襄輒不列銜，使獨具名。會軍務不利，各省多受嚴旨詰問，閩縣去而忠襄身名俱泰。同時將帥，善處功名之際，毋若此翁者也。

劉秉璋撫浙不與甘餉

先文莊初至浙，籌畫防務，查問庫款，時糧道庫尚存銀二十萬兩，藩庫欠阜康銀號銀二十萬，兩相抵無餘，空如洗矣。推求其故，則日供西餉之不給。時德曉峰中丞為布政使，召問之曰：「前任楊石泉中丞，何以舍己而芸人？」方伯曰：「聞諸幕中：雖竭所有以與之，左公責言猶無已時，問楊中丞之官祿，何自而來，區區者，反靳而不與。」文莊曰：「此言私也，非公也。其自今日止，勿解西餉，為海防計。」此浙省海疆兵事之始。

未幾，甘督譚文勤公果有書，趣方伯協款。方伯以自備無力辭。文勤來書，詰問浙省何備之足云。方伯以告，文莊令以法釁將起婉復之。先是，左文襄西征事急，文莊時撫江西，承平無事，常盡力以給其用。及告終養歸，西征軍罷，文襄疏請嘉獎各省接濟者，文莊曾膺上賞頭品頂戴。至是，甘、浙以協款而有違言，文襄因舊誼，馳書致文勤，言浙之助財，非定例所有，毋執成見，過於爭競，其事遂解。文莊與岑襄勤之交，亦以江西協餉之故，襄勤謝書今猶在篋。獨在浙撫任內不與甘餉者，時地之不同也。

親慶軍部將

先文莊於東捻平後乞病歸，知軍力單薄，不足當捻眾也。請以所部一軍予潘琴仙方伯，俾合眾擊賊。時李文忠代曾文正為帥，不允，使本軍中資望稍深者吳武壯領之，且曰：「吾終當留此軍與子。」及浙防漸急，吳武壯率師在朝鮮，文莊函致文忠索之，文忠游移其詞。未幾，豐潤張幼樵副憲來書，云「筱軒久駐朝鮮，其雅歌投壺之概，尚足愚朝鮮人耳目。若移而之浙，文人無行者，必將趨之若鶩，截曠之餉，不足以供其揮霍」云。文莊得書，笑曰：「傅相示意也，此軍終不予我矣。」

其後軍分為二：留江南者，曹德慶、班廣勝領之，駐吳淞；在冀北者，黃仕林、張光前領之，駐旅順。將領四散，獨樹一幟，位至直隸提督者，葉志超；久從文莊在浙，授福建水師提督者楊岐珍；終守鎮海者吳杰；從至四川，授重慶鎮者，錢玉興；授川北鎮、調直隸宣化鎮者，何乘鰲；官廣東提督者，蔡壽亭；隨張文襄，領軍曰「凱」字營者，吳元凱。皆久於征戰，官位較崇。其餘無實職者，未及顯貴而戰死者，雖屬部下而非親隨者，不在此列。

劉秉璋最看重吳長慶

先文莊部下，以吳武壯為讀書種子，視之最重。東捻平後，求解兵柄，即以眾授之。李文忠殊不謂然，文莊曰：「筱軒不我棄也。」當時追寇，常距糧臺數十里外，所得寇食，常輦以從，遇餉銀前後不屬之時，用以贍軍。瀕行，悉與武壯，有「領」字收據，久存吾家。至彼若何支銷，亦不之問也。同治壬申，文莊由陸道入覲，武壯時駐軍揚州，送至清江浦始返，骨肉之親，殆不啻焉。武壯故後，為請建祠於嘉興。未幾，長君子恆往謁祠，遂至杭州，館於撫署，文莊以故人之子畜之。子恆性豪邁，不守矩度，文莊弗善也。一日，謂子恆曰：「尊公入祠之日，吾恨未往，默祝一言以詢之。」子恆曰：「死者已矣，何詢為？」文莊曰：「吾問何術，以止其乃郎之誕也。」子恆無愧色，亦終不悛。

及文莊督蜀，請假回無為州宅，吳王夫人率其次子彥復來見，寓於余家。文莊視彼事如家事，責善難免過甚。偶問彥復經句，聲色俱厲，彥復時年十六，急自辨曰：「《五經》素未熟讀。」文莊謂吳王夫人曰：「嘻！筱軒日與文士遊，其子未習《五經》，辱莫大焉。」又勖彥復曰：「勉之，速求學，未為晚。」後生小子，每不知先代之事，遂愈遠而愈疏。非惟在公為然也，雖在私亦有之。

張佩綸借浙艦

法艦至閩，豐潤以浙為閩督轄境，電調浙江「超武」、「建威」兩艦，艦長未奉巡撫之命，不敢駛往。豐潤惡其違命，奏請逮治。先文莊怒，擬疏彈劾豐潤玩寇之咎。已將驛遞，幕客汪小彭曰：「公勿爾。不日行見豐潤敗矣，公何所圖而取怨於友？」事遂中止。未幾，豐潤書來借艦，云：「浙僅兩艦，無能對法。如移而之閩，閩足以禦法，而閩日固，閩足以衛浙而浙不孤。於以見蘇季合從之計，足破孟明鄙遠之師。」郵至，馬江已敗，船械俱燼矣。及文莊移督四川，超武拖船送至漢口乃還。

吳杰守鎮海以終

法攻鎮海之役，先文莊為戰備，命吳吉人副將杰守海口，招寶山炮臺。舊部中，楊西園提軍岐珍、錢榮山提軍玉興、馬聘三總鎮朝選均守要隘。未幾，法師船果至，攻招寶山弗克，杰功居多。提督歐陽利見，湘人，曾文正之妻黨遠族也。剿撿軍中曾獻策，令軍士各持竹筒一，敵至擲之，以羈絆馬足，傳為笑柄。因文莊素輕其人，弗予增兵，亦弗重用。及文莊移督四川，利見謂副將居心險詐，函請閩浙總督奏參革職。時寧紹臺道薛福成新簡英使，抗疏力爭。朝廷以諮文莊，副將得昭雪，留川防邊。及日本師起，浙撫廖穀似中丞疊電調用，皆辭不往。中丞取朝旨，促之而後行，守鎮海。歷任巡撫仍之，至死乃易人。諺曰：「國亂思良將。」惜乎承平之時，凡事未之豫也。

劉秉璋昭雪吳杰厚奏摺

中法之戰，湘淮舊將猶有人焉，馮勇毅、王孝祺鏖戰於越南，劉壯肅、孫壯武手揞拄於臺北，皆有令名。鎮海之役，李文忠電稿載上海電報捷音，薛叔耘副都《浙東籌防紀略》，詡為中外交涉後初次增光之事。先文莊身親其役，當時繪有戰圖，進呈御覽，其副本尚存余家。戰最烈者為吳杰，守威遠、靖遠、鎮遠三臺，當炮火之衝，奮擊甚力。功最巨者為錢玉興，潛伏清泉嶺下，置過山炮，擊毀法船，自是法艦不敢近寧波海口。總其成者為楊西園尚書。皆文莊親慶軍舊部也。《清史稿》求其案卷不得，乃以浙江提督歐陽利見當之。茲將光緒十五年六月，文莊昭雪吳杰原奏摺片錄下：

吳杰係盡先參將，實任鎮海營守備，管理鎮口招寶山炮臺，已歷多年。臣前在浙江巡撫任內，因籌辦海防，親往查看，見其隊伍整齊，炮具精潔，演放靈便，頗諳西法。訪諸輿論，平日撫馭炮兵，威惠兼施，能得其死力，心竊器之。光緒十一年正月，法艦將犯鎮口，所有南洋援閩之三輪避入鎮口，人心惶懼。浙江提督歐陽利見恇怯無謀，倉皇失措，倡為徙炮拆臺退守之議，將欲徙招寶後堂大炮，經吳杰極言不可，流涕力爭，歐陽利見志在必行，謂違則即行正法。臣聞此信，嚴電飭止，乃定守口之計。及法船多隻，來攻招寶炮臺，數百磅長彈紛落如雨。鎮海、寧波一帶，人民遷徙一空。前鎮海營參將鄭鴻章所部兵丁，竟有翻穿號衣潛逃者。吳杰手開巨炮，與南洋退回之輪船，彼此齊發，各中兩炮，洞穿法船兩隻，敵始敗退。越日，又來猛攻，復擊退之。法船尚於我炮不及之處，攻打旬餘，實賴吳杰穩守招寶一臺，扼其咽喉，使不得逞。上海洋人登諸畫報，中外傳為美談。事平之後，法提督李士卑士固求登臺履看，訝其布守之堅固。歐陽利見因羞成怒。實陰仇之。臣會同調任閩浙督臣楊昌濬，將鄭鴻章奏參降補，即委吳杰署理鎮海營參將。查鄭鴻章貪庸恇怯，歐陽利見所與沆瀣一氣者也。劾其所愛，用其所憎，歐陽利見益痛恨之。大抵義烈之士，敢於赴湯蹈火，不慣營私獻媚，聲望愈美，怨毒愈深。加以標營將弁，侵餉是其故智，欲去吳杰而奪其炮臺差使，自便私圖，亦以浸潤之見，迎合歐陽利見之意。於是，乘閩浙總督卞寶第到任未久，不知底蘊，朦請參革，浙東官紳士庶，多抱不平。臣閱邸鈔，正深詫嘆。頃奉諭旨，欽感交並，乃知公道尚在人心，是非難逃聖鑒。竊思海防為目前第一要務，似此忠勇有功之良將，遭貪庸提督之進讒，誤被參劾，深恐內寒將士之心，外為敵人所笑。夫以專閫提督，吹毛求疵於一守備，欲加之罪，何患無辭！以遠隔二千里到任未久之總督，據提督來函，參一守備，亦只是循例辦理，臣何能越俎為之昭雪！惟欽奉諭旨，垂詢三端。臣在浙有年，聞見較確。吳杰才具，實足備干城之選，平日辦事，實屬可靠，至擊退法船之功，尤赫赫在人耳目者。臣與卞寶第係兒女姻親，此次誤參，自未悉吳杰立功之底蘊。查海防獲勝，係臣在浙江巡撫任內之事，見聞最真，吳杰之才，衛榮光必知其可用，而吳杰鎮口之功，或不如臣親見之詳。事關海防，現奉特旨，著即據實覆奏。臣具有天良，何敢引嫌避怨，姑負天恩。理應披瀝直陳，固無庸為卞寶第迴護，尤不敢為歐陽利見曲徇也。

鎮海擊沉法艦之經過

鎮海擊沉法艦，薛副都時任寧紹臺道，謂先文莊奏報，全憑諸將告捷文書，不善描寫，未免將捍海奇勳，湮沒不彰。乃援乾嘉年間新疆回疆之例，繪成戰圖附說。茲摘鈔如下：

浙省至寧波郡城向有電報，由寧波至鎮海四十里，乘潮往返，文報稽延。法越事起，撫臣擬親蒞寧郡，就近調度。薛福成以巡撫出省，則調兵籌餉轉多隔閡，因請由寧至鎮，添設電線，一切機宜，電飭營務處薛福成、杜冠英傳諭各營，雖相距數百里，而號令迅捷，如在一室。十年冬，法船遊弋浙洋，迨十一年春接仗後，與法船相持數月，電報往來，日十數起，軍機無誤，則設立電線之效也。

鎮海海口散漫，南岸育王嶺，布陣嶺、孔峙嶺、清泉嶺、沙蟹嶺，北岸蟹浦、灣塘、沙頭堰等處，均登岸要區。招寶山至梅墟，關係尤重。撫臣飭楊岐珍、錢玉興將南北營壘布置後，各率所部，修築堤卡。故聲勢聯接，脈絡貫通焉。

鎮海口自小金雞山至招寶山，寬約二百丈。馬江告警後，撫臣以南、北兩岸雖有炮臺，僅二百磅子大炮一尊，若不於海口設立攔阻船路之物，恐敵以一二兵船羈絆炮臺，餘船直駛入口，兩岸營勇力無所施。檄飭營務處薛福成，督同杜冠英與寧波府宗源瀚，購買樁木，用機器排釘海口。或七八十枝為一叢，或四五十枝為一叢，或二三十枝為一叢，自南至北，横立二十二叢，自內至外，直列十叢，經營數月始告竣。海口定議釘樁，撫臣慮樁密則水道壅滯，樁疏則罅漏較多。復飭薛福成督率杜冠英、宗源瀚，買海船三四十艘，飭令兩岸防勇滿裝石塊排沉樁縫之內，中間仍留口門二十丈，以便商船出入。另購大船五艘，三槓網三重，並借寧商寶順輪船一捜，以備有事時封塞口門。厥後五船雖沉，寶順尚留未用，商旅仍通，餉源不匱，而寧鎮居民安堵如故，蓋恃樁船之力也。

海口設防，撫臣咨請北洋大臣，飭派水電匠目四名到杭州，設局製造，並購置水旱電線。飭楊岐珍於營勇炮兵中，選擇精細伶俐者，令其習沉埋演放之法。岐珍與杜冠英督率吳杰，於海口沉船排樁之外，沉放水雷六排。每排八雷，縱横相距十丈許，共沉四十八雷。又於小港瀕海嚴要之處，埋伏地雷六十枚。其他如布陣嶺、孔峙嶺、清泉嶺、沙蟹嶺、蚶子嶺等處，長牆卡門之外，各埋地雷三四十枚。敵知有備，始不敢登岸。

法船在馬江開戰，寧波紳民指目教堂，皆言法人藏匿大炮，將為內變。薛福成照會英國領事官固威林，俾轉告法國主教趙保祿，速遷往江北岸居住。趙保祿請飭查教堂，果有大炮與否。薛福成謂此說本非確實，但眾怒難犯，如不速遷，日後斷難保護。郡城團練夜過教堂，或以矛撞其門，爭詈法人。法教士不自安，乃率男女，徙居江北岸。薛福成允撥兵代守教堂，亦隱以稽察奸宄。俄而，定海訛言又起。定海民人教者二千人，教堂內日糾二百人操演，槍聲與定海鎮操兵聲相溷也。薛福成謂徙其教士，則教民無所附麗。適奉撫臣嚴檄督促，致書定海守將，密商機要，而明告法教士以不能保護。往返駁辯甚堅，趙保祿語多恫喝，薛福成嚴折之。一日，教堂中闃然，則教士已盡室遷回寧波江北岸矣。薛福成乃稟調衢軍右哨，及派衛安勇五十人，駐紮江北岸，名為保護教士，實拘守之，教士亦悚服聽命。又令新關稽查洋船，凡法國商民、教士，但准出口，不准進口，以清間諜。故海口鏖戰，而內地晏然。

法事日棘，撫臣函飭薛福成，遵照北洋大臣電傳密諭，設法暗阻敵船引水。寧波尚有引水洋人必得生、師密士二人，領新關執照，駕小船，在鎮海口外，受僱領港。薛福成與約，月給厚費，俾斂船入口，交杜冠英差用。是時，師密士適接法兵船密信，僱為引水，薛福成使拒絕法人，且另給重資以酬之。既又函會稅務司葛顯理，派洋人隨同杜冠英，撤去新關向設之七里嶼、虎蹲山等處塔燈、標桿、浮筒，以迷敵輪之路。迨開戰後，薛福成偵知孤拔在上海募英人赫爾、德人貝倫為入浙嚮導，各許萬金，如傷亡，則十倍給其家屬。因亟電商江海關道邵友濂，派員禁阻。聲言將撤銷其執照，永不許在中國引水，乃議定各酬以千金。福成復告各國領事，如有洋人為法船引水，寧郡民情強悍，必相率而攻毀洋房。此以一無業之莠民，累及合埠安分之富商也。且難保非法人詭計，欲故壞各國聲名。諸領事以為然，密致書駐滬領事，禁約洋人。後聞孤拔欲募引水，以攻鎮海，懸價六萬金而莫之應云。

法船四艘駛入蛟門，撫臣得報，飛飭各營，要約賞罰，並嚴飭南洋三輪合力協助，電飭杜冠英，傳諭各炮臺，鎮靜以待。正月十五日未刻，法將孤拔乘一小輪，親入虎蹲山北，測量水道。我臺開炮，擊之幾中，乃遁去。旋一大黑船，名紐回利，撲攻招寶山炮臺，杜冠英飭炮目周茂訓，開炮迎擊，一發中其船頭。敵勢惶迫，掉頭用排炮轟擊，又被我炮臺彈折頭桅。我炮臺，亦被敵擊中數十彈，彈重二三百磅，陷入三合土內。後一彈著我炮洞門楣，鐵炸入洞，擊傷周茂訓右脛。杜冠英令吳杰親自開炮，楊岐珍亦至炮臺，仝勵弁兵，又彈中敵船尾，南洋兵輪，亦兩炮擊中敵船。隨後三法船群開排炮，我兩岸亦開排炮禦之。自未至申，轟聲不絕。法船連受五炮，傷亡頗多，我炮兵勇丁，只陣亡三人耳。

正月十五日之戰，法輪敗退，泊金塘山下。十七日黎明，又添兩船，巳刻，復以一大黑船駛入虎嶆山之北，攻我招寶山炮臺。楊岐珍、杜冠英督率吳杰開炮，敵船甫近，即被我彈中其煙筒，再中船桅。橫木下墜，壓傷兵頭及護從多人。南洋兵船，復從旁擊中二炮，法船創甚，收旗轉輪，僅獲出險遁去。厥後，閩浙總督楊昌濬接探員電報，有法船運到一兵頭之柩，葬於馬祖澳，送葬者數百人，據傳即將軍迷祿，正月十七日在鎮海傷亡者也。

法船再敗之後，不敢再近招寶山口門。十八日夜，乘風雨晦冥，將用小船潛登南岸，圖襲我港口之炮臺。我師水陸弁勇，每夜輪流放哨。副將費金組瞥見小船，戒營勇屏息以待。及其漸近，突發槍炮，盡力截擊，沉其兩舸，餘悉驚遁。

小港炮臺，舊置炮位五尊。內光膛生鐵炮三尊，未能及遠，鋼炮擊遠兩尊，彈僅重四十磅，早經移置沙蟹嶺、烏龍崗，但留空臺，為疑敵之計。正月二十七日，法船遙對小港，開六七十炮，著炮臺十數彈，陷入三合土內。二十八日，又來轟擊，連開數十炮，未中。復將炮車吊桅頂，意在憑高易中。乃甫扯登桅，繩忽中斷，炮墜艙面，壓斃多人。自此遂不來攻，其為計窮力竭，已可概見。

法船屢挫之後，退泊金塘，唯以一船向前拋泊，倚遊山為屏障。錢玉興以乘夜襲擊，可以得志，適當薛福成在鎮海勞軍，相與密商定計。二月初四夜，錢玉興親督副將王立堂，選敢死士，潛運後膛車輪炮八尊，伏南岸清泉嶺下，四更後突擊之，敵船連受五炮，傷人頗多，傳聞孤拔亦受傷云。法船開炮回擊，彈落水田。我軍一無所損，旋即收隊。

諷刺詞臣任軍役之聯語

法越戰役中，張文襄授山西巡撫，閩縣會辦江防，豐潤會辦福建船政，以詞臣而仕軍役，皆異數也。文襄受命，上書謝恩，有「身為疆吏，猶是依戀九重之心；職限方隅，敢忘經營八表之略」。文襄既去，其兄文達相國偶取視時辰錶，笑謂客曰：「余只一耳，其七在舍弟所。」及越事急，移督兩廣，力主潘仕釗之說，弛闈姓之禁，頗為時論所訾。時各省軍務多不利，閩縣罩銜條陳時務，觸上怒，鐫級去。侯官與閩縣同城，實為一地。豐潤敗於馬江，船械盡失。疏請恤馬江死事諸人疏有云：「李長庚死事於閩洋，而其部將邱良功等卒平海盜。曾國藩初覆師於湖口，而其後遂為中興第一功臣。此固人事之平陂往復，抑亦天心之草昧艱貞。」措詞之妙，不可言喻。都人為之聯云：「八表經營，也不過山西禁煙、廣東開賭；三邊會辦，請先看侯官降級、豐潤論功。」

張之洞以文人為帥

醇邸隱握朝綱，禮遇文士，以要時譽，開當時詞臣言事、清流結黨之風。洎法越兵興，軺車四出，率一試而敗，惟南皮聲名俱泰。粵督張靖達制府、桂撫潘琴軒中丞，以軍事失利相繼罷。南皮繼任，適我軍先敗後勝，克復失地。當時戰將馮子材、蘇元春，悉前任疏薦至軍。王孝祺本樹軍舊部，以靖達弟勇烈倒樹灣與捻戰敗死，坐失主將貶職，至是起用。南皮以文人為帥，激勵將士，坐收成功，虞允文采石之捷，不能專美於前矣。

廣東賭局以科舉名次定輸贏

闈姓者，廣東賭局之最大者也。頭家為富商大賈，主其事。開科之年，設局賣票，令人入錢。豫擬榜中每姓幾人，以千萬為一決，俟揭曉，按中否以定輸贏。其始僅行之童子試，繼行之鄉試，後漸行之會試。其大力者，至為所擬之姓，廣通關節，以冀必勝。於是姓愈僻者，愈為奇貨可居。房官及提調，監試各官，皆陰行賄賂，轉相販鬻。督撫收其稅以為利，名曰罰款，故行者益縱。士之應試者，多托贄商賈，自稱門生，大為風俗之累。

左宗棠、彭玉麟暮年耄昏

法越之役，左文襄視師福建，將率師以帆船渡臺。屬下知其耄昏，日送之登舟行，夜回舟載之返，數日不得達。託言風逆，舟不得近，乃復登岸。彭剛直視師粵東，出示諭眾，用「食肉寢皮」之語。為西人所見，詫為野番黑蠻所為。朝廷亟詔止之，乃止。英雄末路，誠不免露出暮氣，然何至如是之甚。誠以二公少壯至老，身在行間，無日休息，心力交瘁久矣。剛直疏中又云：「古來臣子，往往初年頗有建樹，而晚節末路，隕越錯繆，尤其才庸，亦其精氣竭也。」讀之能無慨然！

晚清用人近於惡作劇

倭文端惡洋文，則命管理同文館；李文正惡洋務，則派為總理各國事務大臣。二公終身不往，朝旨亦不催促。在政府諸公之意，但使知難而退可矣，不必強之上道，反為外交之梗也。鄧鐵香侍御以強項名，派至譯署以折之。侍御非文端、文正二公比，不敢不往。雖疏請改武官，軍營效力，以為嘗試，不獲所請，而仍就任。繼又以談邊務，而使往勘越南邊界，大窘而返。類此之舉，近於惡作劇，取快一時，有礙大體。若在康熙、乾隆之時，固必有以處之，不若是之狹也。豐潤之閩，侯官往蘇、吳縣至津，不問軍旅之事曾學與否，凡主戰者，即使往戰地，尤近滑稽。

閻敬銘諫阻修復頤和園而失寵

本朝英主迭出，無取乎貴強之相，從未見有大臣匡君之過者。御史章奏不避忌諱，容或有之，均置之無足重輕之列，不足深論。光緒初，惟閻文介可謂大臣。直樞廷，兼綰度支，承髮、捻亂後，制國之用，量人為出，深合理財之法。時醇邸阿太后旨，修復頤和園，須用巨款，輒為公所靳，醇邸憾焉。會議錢法，以微過革職留任。未幾復職，遂乞休，越五年薨。邸怒猶不息，擬不予謚。查本朝大學士恤典無此例。內閣擬字，圈出「文介」。在上意，為非佳名，故予之。

然公之耿直，雖百年，猶一日也。

譏諷朝官聯語

甲申之役，都中對語最盛之時也。譏張豐潤、何子峨云：「堂堂乎張也，倀倀乎何之。」譏閻文介、張文達、烏少雲、孫萊山云：「丹青不知老將至，雲山況是客中過。」又譏閻文介云：「辭小官，受大官，自畫供招王介甫；全戰局，附和局，毫無把握秦會之。」「辭小官」二語，乃文介疏中語也。又譏張豐潤云：「三錢鴉片，死有餘辜；半個豚蹄，別來無恙。」謂未戰之先，聞彼常時言三錢鴉片殉難。及敗，攜豚蹄途中食之。

張佩綸被譏三聯語

豐潤赦歸，娶李文忠之女公子，時人又有三聯。一云：「養老女，嫁幼樵，李鴻章未分老幼；辭西席，就東床，張佩綸不是東西。」以豐潤賜環，先就蓮花書院館席，既而入贅也。二云：「後先判若兩人，南海何驕，北洋何諂；督撫平分半子，朱家無婿，張氏無兒。」言豐潤先娶仁和朱修伯京卿女，次娶邊寶泉中丞女，後娶文忠女。三云：「中堂愛婿張豐潤，外國忠臣李合肥。」當時浮議更遷怒於文忠。然觀文忠尺牘，蓋於豐潤再斷弦後，與有婚約，而不慮其戰敗受譴之至於斯也。豐潤敗後，自稱「賤子」，乃用杜甫「賤子因陣敗」句也。梁星海有句云：「簣齋學書未學戰，戰敗逍遙走洞房。」抑何可笑。

楊玉科任情揮霍

邊帥圖利，愈遠而愈無忌憚。楊玉科在岑襄勤部下為健將，全滇底定，功列一等，法越之役，慷慨捐生，尤足令懦夫失色。惟生性過於豪放，是其一短。曾遊滬瀆，涉足花叢，任情揮霍，殊不自檢。遂令東南人士，致疑於滇池之地，為珍寶蓄聚之所，可望而不可即。古人所云債帥者，非耶？

朝廷重視督撫年終密考

各省司道及學政，向由本省督撫於年終出具密考，以備朝廷酌量黜陟。其有治績平常，或人地不宜，則內調候簡。每年二三月，大批人員更動，且有令督撫另具切實考語者，皆密考作用。而措詞偶涉含糊，即令更擬，其重之如此。浙江德曉峰方伯，在先文莊巡撫任內，欲予某甲署缺，未得許可，而先受賄。某甲人財兩空，執刀立撫署官廳側，言俟其出，與之併命。首縣某，戇人也，遽入告曰：「某甲將行刺。」遂交首縣看管。羈之客室，後有井，溺焉。文莊惡之，以其女為禮邸側福晉，知有繫援，且徵於文友石之屢擊不中也，欲使去浙，年終密考括以四字，曰「堪任封疆」。

未幾，方伯簡贛撫。四川松錫侯方伯，在文莊總督任內，頗具幹略。文莊愛其才而疑其心，年終密考，予以十六字美詞，次年召入陛見，送之曰：「吾以『堪任封疆』四字，而曉峰得任方面。今以十六字頌子，行矣勉之。」未幾，方伯簡滇撫。閣文介出樞府，其門人江西布政使李嘉樂、署陝西布政使李用清兩方伯，同時以密考左遷。文介上疏辯論，謂為贛撫德馨、陝撫葉伯英私見，奉旨詰責。然二李雖狷介一流，不免君子之過，究勝德馨，後之讀史者自能明辨。德馨即曉峰名。

寶竹坡狎妓丟官

寶竹坡侍郎，癸酉典浙試歸，買一船妓，吳人所謂「花蒲鞵頭船娘」也。入都時，別行水程，由運河至通州，及侍郎由京以車親迓之，則人船俱杳，傳為笑談。壬午典閩試，由錢塘江往，與江山船妓狎。妓面有痘瘢，侍郎短視，不之覺也。歸途娶為妾。鑒於前失，同行而北，道路指目。至袁浦，縣令詰其偽，欲留質之，侍郎大懼。以平時風骨，頗結怨於人，恐疆吏發其覆，遂於道中上疏請罪，部議褫職，報可。侍郎曾以蒲圻賀雲甫尚書認市儈李春山妻為義女，劾之去。京人為詩嘲之曰：「昔年浙水載空花，又見閩孃上使槎。宗室八旗名士草，江山九姓美人麻。曾因義女彈烏柏，慣逐京娼吃白茶。為報朝廷除屬籍，侍郎今已婿漁家。」

于式枚、梁鼎芬是天閹

于晦若侍郎、文芸閣學士、梁星海京卿，少時至京，居同寓，臥同一土炕，人心與其面皆不相同，雖圓顱方趾，而大小各別。三人冠履，可以互易而無不合，人情無不妒。三人中，惟學士如常，侍郎、京卿皆有暗疾，俗稱天閹，不能御女。然三人狎遊，盡以恣學士一人之淫樂而無悔。及得交志伯愚將軍，益稱莫逆。將軍非惟嗜好與三人同，其暗疾亦同，可謂奇事。聞學士曾得一房中藥方，治暗疾有奇驗，以與將軍，一試而獲同等之效，再試則不驗矣。侍郎夫人早死，京卿夫人終身居學士家。蓋三人者，皆文學侍從之臣，禮教非為吾輩設也。

蕭占先退侵入西藏之英兵

先文莊督川第三年，實為光緒十四年，英人滅哲孟雄部，耀兵藏界。西藏葛布倫公爵伊喜洛布汪曲，率兵一萬五千禦之。戰於捻都納山下，藏兵敗而奔。英人追擊至咱利亞，又敗，三敗至東朗熱，藏兵大奔。適江孜守備蕭占先奉文莊命，往止藏番無妄動，聞敗，立江孜汎幟於道。英兵見之，乃止不攻。占先與英將薩海會於仁進岡，占先曰：「奈何涉吾境？」薩海曰：「藏番來攻，追之及此。」占先曰：「藏番，吾屬也。亂番可誅，良番何罪，受此屠戮？君獨不念中英兩國之誼乎？」薩海曰：「惟然，故入境無所犯。天氣漸寒，今歸耳。」乃退師。知府嵇志文從駐藏大臣升泰入藏，歸述如此。川人鬨傳，蕭守備與英戰大捷，若得江浙文人點綴，是又一黑旗軍臺南獨立矣。

英軍據西藏哲孟雄

英據哲孟雄之歲，先囚其部長西金王於葛倫繃。王母及子曁親族、頭目，避入藏屬春丕山。英將薩海追藏兵至春丕山坌，尋其母子不獲。戰事既畢，王母率親族訴於駐藏大臣升泰，且求救。升泰懼於英，弗許。王送衣物至邊，且言伺釁將逃歸。升泰不納，英人益無忌。

旗籍文武兩大臣

咸同之際，旗籍大臣中，倭文端以理學著稱，一時風化，頗為之轉移。吾鄉吳竹如侍郎與之志同道合，蔚然為一代名臣。費莫氏文文忠公字博川，為先文莊朝殿之師，每見，敬禮有加，稱譽不容於口。同治初政，欣欣然有太平之象，雖恭王當國，皆公贊襄之功。及卒，李文忠嘆曰：「旗人中麟鳳也。」傾服如此。

宗室岐子惠將軍出鎮成都，與文莊曾通蘭譜，而見解不合。文莊不以加旗餉為然，主張以歷年八旗欠餉，准其移獎實官，俾克轉售得資，以濟窮困。將軍曰：「轉售必有折扣，是虧在旗民，宜待國家財政寬裕，仍取之官。」成都旗營兵有為盜者，照章應先銷旗檔旗籍，而後加刑。華陽縣知縣張濟，於報案公文不載其旗籍，而錄於口供。文莊閱案已畢，未覽供詞，遽批「就地正法」。將軍問知其故，即請將張濟解職參辦。文莊曰：「治盜嚴而加之罪，民其謂我何？願公寬之。」將軍固執不允，因之大鬨。既而，交好如初。其堅忍之性，真旗人之健者也。

皇室宗族遠支亦貧寒

舊制，景祖以上宗支稱覺羅，景祖以下子孫為宗室，而格格、額駙則無限制。乾隆三十六年，宗人議准：世祖章皇帝位下子孫所生女，照例視爵，封授格格、額駙，給與俸祿；其餘王公之女給虛銜，推恩至四世以下。同治二年詔：自高宗純皇帝以下各王公所生女，均為近支，照例封授格格、額駙，給與封祿；其餘均為遠派，僅封授格格、額駙虛銜。雖以次遞降，仍推恩至五世以下。凡一朝崛起，封建親戚，屏藩帝室，當時人數無多，未始非榮幸之事。傳之既久，至光、宣之際，愈演愈眾。甚至四品宗室，及格格、額駙名位，求其一飽而不可得。成都將軍岐元子惠，自言：幼時貧困，夜出挈籃賣蘿蔔，行至某處，近於其姻家，聞聲延入與語，慚而逃去。余家在舊京時，車夫用一重儓，即有額駙職銜，問之，則云：「非此，將坐以待斃。」遜位以後，艱苦之狀，不忍言矣。

屠仁守奏請歸政，關係尤大

屠梅君〈請歸政之後處省密摺廷臣封奏仍書皇太后聖鑒懇恩披覽然後施行〉一摺，在醇賢親王疏請繼續訓政數年之後而上者也。醇賢親王之於德宗，義雖君臣，恩實父子。王既有此請，則是時德宗年少，聖德未宏，將以有待，自可默喻。屠侍御更陳所見，何致遽膺譴怒，其故不得而知。果如侍御之言者，可免甲午中日之戰，可免戊戌維新之局，可免慈聖三次垂簾之命，可免大阿哥入嗣之舉，可免拳匪作亂，以致八國聯軍入都之慘，可免四十五年九百萬萬賠款本息之費。侍御此奏，關係豈小也哉！

劉秉璋奏請緩加旗餉疏

歸政、大婚，兩次大典，三代覃恩，賚及赫德。其餘軍功，督撫提政，無論存沒，皆叨異數。所遺者，惟先文莊及沈文肅二人。文肅歿已久，或一時遺漏。文莊以浙撫任內，奏請緩加旗餉，增練海軍，與醇親王設施大政全然相反，致忤邸意，故不及。李文忠函，則謂邸於此事，並無意見云。附錄〈緩加旗餉疏〉如下：

疊准部咨，籌辦海軍經費、旗兵加餉二事，此皆國家根本之計，遠大規模，臣雖至愚極陋，何敢稍有異詞。惟兩事並重，當先重其尤重者；兩事並急，當先急其尤急者。方今外洋環伺，迭起釁端，我所以隱忍議款者，以海軍未立也；彼所以肆意要挾者，亦以我之海軍未立也。聖謨宏遠，創立海軍衙門，籌備船械，操練兵輪，此至重至急之務，萬不可再事遷延稍緩須臾者也。至於八旗兵丁，皆我朝開創之初，從龍舊旅。自減餉以來，不免拮据，議復原餉，固理所當然，臣檮昧亦所欽仰。惟兩大政同時並舉，需餉太巨。天地生財，只有此數，府庫進款，歲有常經。自咸豐初年用兵以後，外備強敵，內防伏莽，各省防勇，萬難全撤，雖益以釐金、洋稅，仍若不足。臣忝撫浙江，已疊將支絀情形一再陳奏。各省情事，雖不盡知，然屢准戶部咨催協餉，開列清單，即如江蘇、廣東，素稱豐裕，亦復欠數甚巨，其餘各省，大略相仿。今驟需巨款，勢必紛紛欠解，部議處分雖嚴，然只能竭其所有，勢不能強其所無。兩事兼營，萬難兼顧，不如略分先後，期於必成。可否飭下戶部，將各省協解餉款通盤籌計，不以歷年派撥之數為定，而以各省實解之數為額，究竟每年能添解若干。如不能兩事並舉，只可先竭一二十年之功，歲提三四百萬，專意海軍。待海軍就緒，庫有儲餘，再議旗兵加餉。庶循序漸進，事有歸宿。溯查旗兵減餉三十年，固屬異常困苦，亦已支持到今。臣非敢謂加餉之不重不急也，而以海軍關係較之，則尤為至重至急。故為此萬不得已之說，或亦一舉兩全之計。至國家億萬年丕基，當籌億萬年久長之策。八旗丁口眾盛，數十百年後，蕃衍生息，其數更倍於今。即兵餉復額，萬無給足之理，朝廷亦更無養育之法。其應如何安插疏通，擬請旨密飭親信王大臣從長計議，徐圖補救，是非臣之謭陋，所能擬議毫末者也。

光緒十二年三月二十二日，奉到朱批：創立海軍，自係當務之急；而旗兵日久困苦，何以資操練而固根本？至欲另籌安插疏通，輕議更張，尤屬非是，原摺著即擲還。

翁同龢、張之萬書畫救災

順直水災，常熟翁文恭、南皮張文達各作書畫便面十，售貲助賑，每件二金。都人未之前聞，賑局司帳，亦不知二公筆墨之身價也。忽為一不知姓名人所見，盡數買出，賑局以為利市，往二公家，再三請益，二公不允。都中以為奇談，日往局問訊者數十起，而卒不可得矣。

光緒中葉擬修《四庫全書》

《四庫全書》於本朝著作，抉擇綦嚴，集部尤甚，名望稍次，皆在屏除之列。雍乾學者，時代太近，或其人生存，格於定例，不及著錄。嘉道以後，更無論矣。光緒中葉，論者多主續修《四庫》，朝旨允於《會典》告成舉行。未幾，即有日本之敗，《會典》成後，新說繁興，百政待舉，無暇及之矣。

阮元憑一詩躋顯貴

阮文達公大考，〈眼鏡詩〉首二句云：「四目何須爾，重瞳不用他。」時高宗年近八旬，目力不減，頗以老健自喜，閱詩大喜，拔置第一。文達因是驟躋顯貴，出膺疆寄，入贊綸扉，躬際太平之盛。晚歲優遊林下，壽臻耄耋，每逢慶典，屢沐恩施。儒臣之福，莫與比倫，皆一詩之功也。《蕉窗隨筆》謂其諂事和珅，授以意旨，固屬誹謗之詞。然公以詞臣在朝，焉知宮禁細節，縱非有意刺探，其聞諸內廷行走親近之臣，固屬當然之理。和相既有師生之誼，聖躬康泰，平時自宜談及。適逢其會，形諸歌詠，遽邀上賞，乃事實之不可諱而不必諱者也。光緒壬辰，潘文勤公為總裁，相傳有鐘鼎關節，亦是類而已。

戶部、刑部之部員難為

舊制，六部中戶部、刑部以省分司。戶部以廣東司為首領司，刑部以貴州司為首領司，皆以所管之省地僻事簡，令兼其事。凡部員到部，分司平時點派例差，如陪祀、當月之類，均由首領司呈單，自新進中選取之。陪祀者，春秋時享，隨駕前往。當月者，輪班值宿本署。匪惟無功之可言，稍不自慎，尚有過失，部員皆以為苦。刑部專差，有監斬一事，尤為畏途。新進部曹咸不能避，稍有門路，往往輾轉求免。觀李蒓客《日記》，作書致各方請托之狀，亦可憐矣。每司旗人正掌印一人，漢人正主稿一人，以旗人掌印為重。近年，旗籍顢頇者多，漢官稍露頭角，亦有以正主稿執政者，俗謂之「當家」。司員初至，謂之「散走」。既而，隨印稿到堂畫稿，謂之「吃麵」，「吃麵」者見堂官面也。見面已頻，隨事訊問，應對合宜，堂上既知其人，遇有差委，謂之「烏部」。印稿開單，堂官點派，不在單內者不點，不列首選者不點。散走得差，旗人以幫印行走始，漢人以幫稿行走始。旗人洊升幫印，而掌印行走，而掌印，而正掌印。漢人洊升幫稿，而主稿行走，而主稿，而正主稿，循序漸進，亦不越次。郎中、員外、主事補缺章程掌於吏部，不出定例之外。補缺之後，或得候補京堂保案，而內躋卿貳。或得京察一等，外簡道府。雖無成法，惟資、勞、才、望四者必居其一。當時職官幸進者未嘗無之，然而鮮矣。

科考題文有忌諱

光緒中葉，帝初親政，各省鄉試，考官命題，頗有忌諱。甲午癸巳恩科四川省鄉試，正考官朱琛、副考官徐仁鑄。第一題〈必也正名乎〉適朱琛請假回籍，徐仁鑄先回京。上召見，問曰：「何名之可正？」蓋上以宗支入嗣，鑒於宋、明尊崇所生之弊，諱言之也。仁鑄對曰：「向例正考官出第一題、第三題，副考官出第二題及詩題。」未幾，朱琛以大計免。文字忌諱，微特對上也，同官亦有之。辛卯科四川省鄉試，正考官李端棻，副考官陳同禮，字潤甫，吾鄉懷寧人也，其後與余家聯為婚姻。第三題〈古之人修其天爵而人爵從之〉，先文莊擬墨中有句云：「伊呂老匹夫。」闈墨刊時，潤甫請於文莊，以「一」字易「老」字，言張子青相國畏言老，文莊笑而許之。

兩姦案判詞警策

姦案格殺勿論，按律應在姦所登時捉獲。苟非然者，不能引此條為例。光緒間，粵中有本夫與婦隨人逃後兩年，蹤跡得之於數百里外，因並殺之者，援例釋罪，部員挑剔勿允。時李勤恪為粵督，楊蓮府制府為入幕之賓，改判詞云：「竊負而逃，到處皆為姦所；久覓不獲，乍見即係登時。」薛雲階尚書在部，見而大賞之，立允其請。舊案中，女子在樓上，見牆外有小遺者，指其陽示之，羞忿自盡死。欲構其罪，既無言語調戲，又非手足勾引。一老吏為批曰：「調戲雖無言語，勾引甚於手足。」乃定獄。薛尚書謂此二句，尚不如新案讞語之警策云。

李鴻章、盛宣懷功過於黃婆

黃婆以元至正間自崖州附海舶至上海烏泥涇，始教人紡織木棉為布。創為絞車以去核，為推弓以彈茸，為紡車以成絲。由是遍傳海內，而松江、太倉棉布之利，尤甲天下，上海又為松、太之最。黃婆歿後，鄉里醵金葬而祀之。道光六年，以河道梗，創舉海運，用上海沙船集事。於是士民謂沙艦之多，由於織布市，議建黃婆專祠，以報其功。上官格不入奏，而祠已成，包慎伯為之碑文，以先棉之祀，比之於先農、先蠶，文載《齊民四術》。今上海租界繁盛，幾無隙地，黃婆祠所在，則人無有知之者。蓋當時既不列祀典，年淹代遠，久已傾圮無餘，地址以價日昂貴，亦侵占皆盡，殆滅跡矣。

念西洋商務，果其專心銷貨，弗借兵力，無意侵占土地，交易而退，各得其所，不須商人列肆，更不用使者駐京；則其奇巧之器，創始之人，吾國方且馨香頂禮之不暇，何至戰爭哉！佛教東來，賢士大夫多愛其玄理。即明末耶教航海而至，以私人性質，無國際交涉，學者猶樂與之遊，不似末造民教相仇，其理則一也。合肥李文忠、武進盛愚齋尚書，通商惠工，功德在民，有不可磨滅者。文忠始購紗機，愚齋身親其事，二公之澤，較黃婆為多而且遍。惜今之人思想薄弱，並世之，人無敢儔之前賢往哲，比於先農先蠶。斯乃世風遞降所致，非人力所能為矣。

緩加旗餉有不同之傳聞

先文莊乞歸田里，凡八上章，皆蒙溫旨。李文忠公書曰：「近年以來，未之有也。」其後，文忠與余偶言及此，曰：「此許恭慎之力也，事後乃知耳。人告尊翁，言醇賢王以緩加旗餉事，盛怒之下，得閻文介一言而解。文介終年不得見王，尊公惡乎知之云。」文忠之言自必有據。

然壽州、嘉定兩相國致文莊書，至今猶在，皆云「朝邑之力」。壽州書云：「加餉為邸意，是劾邸也。」嘉定書云：「大疏既上，丹初譽不容口。」同一當道，而見聞不同如此。章京中有同年友傳語相告，則云：「醇邸見疏大怒，曰：『漢人太無良心，做旗人官而於區區之餉，猶吝之耶？』朝邑曰：『王毋然。使疆臣人人如浙，則國家不患貧矣。』」章京之言未必全虛，而又有同異，可知朝政之不易知，人言之難盡信。

徐致祥之薄年誼

又有一事類此者。文莊與徐季和京卿，為庚申會榜同年，嗣以女字嘉定相國之子惕祥，過從甚密。相國為京卿叔父，相形之下，不免稍疏，然親友之誼，未見因此生隙也。其後京卿章奏，附見《鄧鐵香集》行世，曾密保人才，以鍾德祥為第一。未久，德祥兩上封事，彈劾文莊。其中內幕，與京卿不無關係，文莊始終茫然。次歲，德祥以贓罪遣戍，兩請捐費邀免，均奉嚴旨申斥。京卿雖舉主，而封事留中，人不之知，政府亦不能盡記，故未獲咎。及京卿視學皖中，請修學宮，責命紳民出資，波及寒族，文莊見奏，乃嘆其年誼之薄也。

《清史稿》中劉秉璋傳頗多失實

德祥彈章兩上，一由湖北巡撫譚繼洵查復，上以「措施失當，任用非人，致招物議」，諭令吏部議處分。及部議落職，上以「宣力有年，平日辦事尚屬認真，特從寬典」，明見諭旨。國史立傳，定興為總裁，改云：「部議留任，上諭加重」，可謂奇談。壽州孫文正同在史館，館員錄諭旨以請命。文正曰：「國史三十年復修，屆時憾者早死，不復能舞文矣。」然不十年而國以亡。今商務印書館國史列傳所載，猶是定興主筆之文，未之改也。一由尚書裕德，侍郎廖壽豐查復。四川官運局，群以為利藪，自丁文誠時已然矣。文莊履任，夏菽軒中丞時為鹽局總辦，輒以舊令尹之政相告。名目甚多，無非公款取息，作為公費而已。文莊曰：「以往之事，可置勿問，嗣後勿任再取。我非奏定之款，不敢取諸公中。」其時並不知後有參案也。及兩使既至，中丞請秘勿宣。然冊籍俱在，豈能盡掩。兩使據有案者入奏。上以「寶楨於款項出入，未經整飭，札提公費等，多不嚴明，惟鹽務補救之功不可沒，免其置議。」兩使又以「官運濟楚，公私交病」為言，上以「唐炯、夏時相率徇隱，均議革職，薄責後任川督」，未加更正。文誠擒斬太監安得海，頗負重名，縱有小疵，微論其舊日局員之不欲洩也。即文莊與兩使之意，推之朝廷免議微旨，莫不如是。《清史稿》列〈文莊傳〉於丁文誠之後，以〈吳武壯傳〉與諸淮將合為二卷，並不知武壯為文莊舊部，繼為統軍，故後文莊曾為請建祠，有案可稽者。《清史稿》又曰：「繼丁寶楨弊絕風清之後。不特敘事兼議，有背國史體裁，似秉筆諸公，於當時朝報，未曾寓目。作史之難如此，不可不知也。」附錄〈請建吳提督專祠疏〉如下：

臣查，已故廣東提督吳長慶，原帶「慶」字營，於同治元年，隨今大學士直隸總督李鴻章，自皖至滬。及臣以編修奉旨赴滬，經李鴻章在江蘇巡撫任內，照會募勇剿賊，並將吳長慶「慶」字兩營撥歸臣部，由松江進兵，規取浙西。該故員身先士卒，所至有功，而克復嘉興府城，厥功尤偉。李鴻章請恤原摺言之甚詳，已蒙洞鑒。今該紳等具呈前來，出於至誠。懇恩准將已故廣東提督吳長慶，在浙江嘉興府立功地方，建立專祠，列入祀典，春秋官為致祭，以抒輿悃而彰崇報。

吳杰生性伉直

吳吉人副戎生性伉直，在浙被議，奉調至川，先文莊用為管帶，駐峨邊防夷。副戎曰：「傑在浙統兵，多於此矣。」文莊曰：「領軍不在多寡，盡職而已。汝不記為卒時事耶？」副戎曰：「唯公用之，敢不從命。」副戎時來省，每至督署，輒談夷狀。副戎曰：「吾初至邊，輒有夷人殺人越貨，追之則逃，吏云：『向例，俟其叛也而誅之，免興大役。』吾意彼能來，我豈不能往。其後，逐一逃人，窮追至彼寨，攻克之，令獻罪人，斬以徇。自此一勞永逸，連歲無劫案。」其後，副戎守鎮海炮臺終身，光緒末年猶及見之。時浙紳為文莊建祠於省城，副戎持異議，謂宜在鎮海，將自募貲為之。副戎旋逝世，未幾國變，其事遂寢。

卷三

甲午之敗李鴻章難辭其罪

李文忠以大學士任北洋重鎮，雖不入閣辦事，而隱持國柄。法越之事，舉凡用人、調兵、籌餉、應敵、交鄰諸大政，朝廷均諮而後行。武進盛愚齋尚書常云：「是時吾與眉叔，日在傅相之側。公於簽押房外，另闢一室，處吾二人，以應不時之召。回憶年少，殊無所知，雖云仕優則學，究無所取資，半載之中，受公陶鎔，平生得力之處無過於此。」眉叔者，丹徒馬建忠也，均於是役知名。以弱敵強，雖甚支絀，未至敗績，中外尚無異言。公明瞭兵事，不宜開釁，猶未知兵械兩絀，不可以戰。其《巡海疏》中有云：「內衛京畿門戶，外控藩屬鄰邦，俾北洋海疆千餘里，有事得資援應，尚稱緩急可恃。」有云：「渤海門戶深固不搖。」有云：「修築新式炮臺，講求制勝機宜，俾聲威既張，敵情自懾。」讀公之章奏，似嫌過於自滿，啟上驕志。

光緒十四年，戶部奏言，不購軍械。十五年上諭：「嗣後購買機器軍火，各項物料，均著先行陳奏。」當時節縮經費，專為頤和園土木工程之用，公以漢臣而膺寵眷，未便與人家事，此不能為公咎者。然北洋海陸全軍，緩急足恃與否？渤海門戶，深固不搖與否？公於事前似未盡知。不然，觀常熟《日記》，未開戰先，常熟曾至津，督促宣戰。公當以去就爭之。何至輕於一擲，情見勢絀，底裡畢露，百患皆作。陵夷至於土崩瓦解，不可收拾，釀為他日神州陸沉之禍。《春秋》責備賢者，公不得辭其罪矣。

袁世凱好事喜功乃有朝鮮之患

日本久有雄圖，憚於啟釁而未發。項城為辦理朝鮮商務委員，好事喜功，實有以致之。先是，醇邸致書李文忠云：「袁道捷於肆應，巧於偵察，是其所長。其人年少，未可恃也。」文忠終愛其才，未忍遽擯。及朝王喪服，求免吊祭欽使，雖漸有異志，然在中國，徒虛榮而無實利，奚必有此舉以樹敵。項城督迫益急，挑剔字句不符，揭其行賄，禮部卒行天朝禮制。在西人為見所未見，日使尤蓄怒，禍機潛伏，有識之士，咸知患在旦夕矣。

英日聯合以謀我

自赫德掌榷之後，政府外交，倚之如左右手，質言之，即倚英為援也。是時，英畏俄甚，俄謀印度，不遺餘力。光緒中葉，俄人請護照入藏遊歷者踵相接。英亦嚴為之備，駐藏大臣升泰，在印度屢見奏報。兩國猜忌益切。英利用我，阻俄南侵，與我交睦。初，伊犁之役，戈登位已崇，自請脫英軍籍入伍，戰事雖息，其旨微見。英海軍少將琅威里，就聘任海軍帥，所謂「同袍」者非歟？文忠暮氣，琅威里排去，英知我不足與謀，日人從而結之。英、日既協，勢乃交迫。將戰，總署使赫德咨英使，英使以慎重勸而不力阻。既敗，乞為和議，亦不許。文忠晚年憾英，輒言「島人無信」，謂英於戰前，宜洞若觀火，而不我以告，成敗既見，欲早為計，又為所尼，不至敗績不止也。

海軍之敗兆

海部成立，福建船廠學生位至提鎮，多有妻妾，築室劉公島上，平時自為嬉樂。琅威里治事嚴，無論旦夕，一聞令，師船齊集，將帥士卒同甘苦，行則艦長司機，泅則兵官下海，軍中苦之。南巡之役，琅威里在旗艦定遠，海軍提督丁汝昌在鎮遠，至香港。當是時，中國海軍等次，列世界第六。琅威里上岸，方以提督之榮，炫於其鄉人。暮歸，帥纛移於鎮遠。問其故，部眾拒不受命，怒而辭去。海軍之敗兆於此。

袁世凱、唐紹儀在朝鮮

項城聞變，懼為日俘，將先歸，舉唐紹怡自代。紹怡請以中州之人能留弗去者，與之俱守，汴籍人莫敢應。適項城中表某甲至漢城，謀事未成，慨然自任。項城立授為隨員，議協登舟。次日，敵軍大至，紹怡夙與英使朱邇典善，避入英館，禮遇甚優。某甲蹤跡而往，雜居僕役之間。及相偕返國，甫登輪船，入大沽口，突抱持紹怡入海，泣述始末，謂紹怡辱己以辱國。項城兩解之而不責。其後項城治兵，用理軍需，屢以侵蝕敗，項城不咎。

中日之戰無人識敵情

中日戰事方起，是時當局要人李文忠為海陸軍帥，手握全權，直隸提督葉曙青為大將，身當前敵。項城為行人，通使命。合詞請班師，以待天下公論。政府未識敵情，不知日本之不可勝，惟懼勝倭之後，俄人乘勢而動，攘以為功。不知日本歷年備戰，兵力財力遠出我上，惟責海陸軍統帥意存畏葸，顧慮延宕。且懼商民之齎敵糧，又恐日兵登陸，強劫軍火，欲拆卸過關鐵路，屢次皆見上諭。當軸諸公心目中，視日本渺小之甚，猶可說也。而自顧左右，無一親臣，欲與人戰，豈堪妄動。讀史者，輒謂宋人於女真、蒙古輕於啟釁，然史者，鑒也，諸公讀書而不知鑒於往事，殊難辭責。

竟憑意氣，孤注一擲

行軍之事，未有知其不可而為之者。自戶部奏定，光緒十四年之後不購新械，武庫已空如洗。戰釁既開，一則議購英國新式三快輪，再則議購智利兵輪七艘，三則議購德國魚雷獵船四艘，言明能行二十八邁，四則議購英國阿廠新造大快輪，五則議購德國大炮一百二十尊。船械不敵，政府未嘗不知，而敢孤注一擲。壽伯符詩云：「衮衮諸公膽氣粗，竟憑意氣喪皇圖。」為庚子詠也，然甲午亦復如是。

張謇為主戰派首領

中日之役，主戰者，高陽、常熟。奔走高陽之門者，項城。為常熟之耳目者，通州張季直殿撰、萍鄉文芸閣學士也。項城歸自朝鮮，力詆文忠設計之緩，使從己謀，可以制敵於先。光緒九年，殿撰從吳武壯率師援朝，先據漢城，拒退日本，身親兵事，謂確有勝算。是科會試，與學士同出常熟之門，互相標榜，欲以奇計自見，實為主戰派之首領。

葉志超侈陳功績

葉曙青以步卒二千，當倭一旅團，全師退至平壤，未始無功。然區區小事，侈陳功績，大開保案，宜乎受人指摘。吾鄉吳鑒泉觀察與於是役，事後痛定思痛，言惶遽之中失履，以襪行，苦不堪狀。蒯禮卿京卿笑云：「所謂劃襪步香階，手提金縷鞋。」言之可哂。

平壤之敗固宜

葉曙青名志超，先為騎將，逐捻賊餘眾於淮城東，擒斬逾萬。捻首賴文光奔揚就獲，東捻以平，志超以功洊升直隸提督。治兵有法，行營中自立武學，以練軍校。至今其裔孫，猶有列名於軍伍者。衛汝貴者，盛軍偏裨。周武壯、剛敏兄弟相繼薨，汝貴代領其眾，李文忠頗賞之，常致書文莊，論吳武壯輩金朝貴而及之，云：「公部下少人才，不若周氏兄弟，則筱軒為之也。」志超、汝貴帥師分道至朝鮮，以間色服裝，持舊式器械，用密集陣法，而且無工兵為營壘，則戰守咸失其宜；無輜重以輸運，則前後不能相顧。一旦與日人遇，寡不敵眾，緩不濟急，其敗固宜。項城為丁汝昌請恤不得，慨然曰：「甲午之役，吾身在軍中，聞潰卒言：汝貴持刀立陣前，督軍力戰，日人頗失利；未幾，援軍大至，勢不可當。其敗也，譬如機器，以引擎、鍋爐、馬達速率之不敵，出貨固宜不若。僅歸咎於貨出之一部，誰任其咎？以余觀之，朝廷賞罰之公，雖汝貴亦應賜恤，遑論乎汝昌！」

張佩綸力阻李經方為帥

我師集平壤，勢均，相率乞文忠公子伯行星使為帥。張幼樵副憲時參文忠幕，爭曰：「謂將門有子，仲彭、季皋宜當此選。公之弟且不以能戰名，何有於其子！」文忠徐言曰：「固知，非太尉不可。」副憲曰：「此為公也，非自謀也。」文忠乃覆諸將電云「方兒向未親行陣，吾更難內舉不避親」云。

李鴻章被褫黃馬褂

平壤之敗，詔奪文忠三眼翎，褫黃馬褂。次日，伶人趕三演丑表功，去保兒插譯云：「我有汗馬功勞，奈何奪我三眼翎，褫我黃馬褂？」其時勤恪公子經楚佑三明保入都，市井無賴怨趕三者，假佑三名，俟其出，執而鞭之，趕三尋死。余嘗戲問佑三弟叔云云：「令兄奈何辱死名伶？」叔雲曰：「謂吾兄殺人者，未免譽之過甚。吾兄聞淮軍敗，傳相受斥，正不知匿於何所矣。」余亦為之失笑。

中日黃海海戰

將戰，當局知器械不利。海軍客將獻策，購新艦，別成一隊，襲敵後路，多方以誤之，使彼不敢輕出全力，萃於我師中堅。誠良計也，然屢議而屢敗。彼外交利而我鈍，益束手無策。惟恃兩鐵艦，而十寸口徑之炮彈，時只餘三枚。津滬各局，能鑄較小之徑二又半者，強配之以應敵。

八月十八日，我陸師聞平壤敗，將渡鴨綠江為後援，海師泊於口外，食時遙望，濃煙一縷，知日軍且到。我軍本作雙排，如篆書二字形：以鎮遠、定遠、致遠、靖遠、超勇、揚威為一隊，而鎮、定兩艦列左右角；來遠、經遠、濟遠、平遠、廣甲、廣丙為二隊，而來、經兩艦列左右角。強者當先，弱者在後，本英將琅威里所練陣法。提督丁汝昌率諸將立於望臺上，指揮諸艦應戰，客將踊躍，謂堪一試。令下，陣容大變，橫列為一字陣，強居中而弱為輔，愈弱者愈落邊際。弱艦覺處危地，退避稍後，全軍遂成半月形。汝昌不諳軍事，總兵劉步蟾掌旗號，實為此謀，以圖自免。定遠望臺，為平時覘遠之資，下有巨炮，戰時折疊弗用。步蟾將發巨炮，未計及此，一轟而裂。汝昌傾墜，不復能與戰事，號旗之竿，經一炮而折，我師失所指揮，眾心益渙。

日軍作雙行，魚貫而至，船迅炮捷，如疾風驟雨，勢不可當，攻我軍之右，直衝而進，以達於後，圈超勇、揚威兩艦於陣外而殲之，熸；廣甲驚遁。敵艦比叡、赤城、西京丸受重傷，不支而逃。日移軍攻我之左，復用前法穿插，使致遠、經遠、靖遠、來遠、平遠、濟遠、廣丙七艦，與中軍鎮遠、定遠截為二段，夾攻之。致遠力戰，被重損，將湮，欲毀一敵船，與之俱盡，駛入日炮密集之處，幾至而沒。管帶鄧世昌，救起不欲獨生，奮擲自沉，死事最烈。同時，經遠管帶林泰曾，戰死船毀。來遠、靖遠、濟遠均著火。濟遠先逃歸，來遠、靖遠且戰且熄火。鎮遠、定遠奮鬥甚猛。其時敵軍尚有九艘，以四艦當之，自日中至暮，勝負不決。日船小於我，速率倍我，不敢夜戰。令船松島受傷至重，幾弗能興，乃全師而返，我師亦旋。

丁汝昌見危受命

丁汝昌夙將騎兵，以統海師，朝廷用人，自為失當。汝昌屢受督責，欲戰，自知不敵，惟求一死塞責。大東溝之役，倉卒應敵，不知學理，立定遠望臺之上，致被震仆；反謂日炮擊毀，傾覆受傷。朝臣不知機械之學，無從指駁。外人見之，無不匿笑。然汝昌見危授命，較之臨陣脫逃之方伯謙、服毒呼救之劉步蟾，高之奚止一等，於以知舊道德，猶勝於新知識。

聶士成有幸有不幸

諸軍至平壤，正當論功請獎，志得意滿之時，總兵聶士成先歸，回直募勇，不任覆軍之咎。其後守連山關隘，不當日軍要道，反以見功，洊升直隸提督，可謂至幸。和議既定，獨領一軍，拱衛畿輔，周旋朝貴，頗為一時所重。其於葉，衛之失機，歸過於李相之輕任，當淮軍氣盡之時，尤能以此自別。然士成為魯伯陽之姻，曾假以巨資，賄買上海道缺，損其資三之一，不啻擲黃金於虛牝。天下事有幸有不幸，誠不能一例而論。庚子之役，士成力戰陣亡，死事頗烈。上以多年講求洋操，原期殺敵致果，乃竟不堪一試，責其不能退八國聯軍。時論頗為之惜。若追論平壤之事，則可矣。

北洋淮軍氣數已盡

承平日久，北洋淮軍僅存三部。一盛軍，殲於平壤。一親慶軍餘部，即先文莊解兵柄後，吳武壯代領而留衛畿輔者也。武壯征高麗薨，張光前、黃仕林分駐旅順，寇至皆潰走。一銘軍。劉壯肅曾與文忠要約：繼為統領者必以劉氏子弟，是時劉盛休為將。文忠知不能戰，而恥於全軍覆沒，不以當敵。文忠始終維護此軍，幸而瓦全。己亥，文忠復出督粵。光前往賀，述及曾至無為謁文莊，而拒弗納。文忠曰：「汝敗軍之將，不見宜也。」既而，仍用為粵中防營統領，文忠於淮部，究有念舊情也。

劣械案李鴻章手批甥頰

宋慶，旅順守將也。劉盛休，大連守將也。慶調赴邊，禦敵於鴨綠江岸。盛休調赴平壤前敵。乃以趙懷業新募六營守旅順，徐邦道新募四營守大連。倭師過鴨綠江，中朝震蕩，幾於手足無措，不啻驅市民而戰之，安得不敗。

文忠庖人羅之婿某甲，為信義洋行猶太德人滿德之商夥，奔走於諸將之門，承買軍器。諸將至督署求見，某甲輒為伺文忠起居而恰當其候，諸將大歡，咸樂與交易。及敗，日出一軍渡鴨綠江，趨遼瀋；復出一軍由海道至貔子窩，取大連、旅順，如風掃葉，吾國上下，無智愚賢不肖，咸知不敵。時帥府方主購械而料其無益，或朋比某甲，蝕其金而盡予以敝者。建德周玉山制軍，時以開缺按察使掌前敵糧臺，力送至軍，輒取覆文為證，弗任運輸不繼之咎。諸軍見敵，盡棄軍實而走，器械盡失，即良窳無所分。文忠內幕，不至有簠簋不飭之嫌。於是諸將無罪可逭，衛汝成、聶桂林、趙懷業、黃仕林相繼就逮。

劣械一案，文忠甥張楚寶觀察在天津司軍實，獨知其隱，輒陰伺之而不肯言。曁事外洩，群矢集於觀察，報載文忠手批其頰。時先文莊以事怒表兄程邦柱，而眷念舊誼，不忍遽絕。一聞此事，笑曰：「吾甥固勝於彼也。」

文廷式與志銳被嘲

珍、瑾二妃幼年，文芸閣學士曾授之讀，學士與妃兄志伯愚侍郎為至友，密近宮闈，舉動尤為眾所側目。甲午大考翰詹，學士一等第一。蒯禮卿太史為隱語云：「玉皇大帝召試十二生肖，兔子當首選，月裡嫦娥為通關節。」傳為笑柄。及魯白陽案，二妃以受賄貶貴人。時東事起，侍郎上萬言書，慮陪都有警，自請募勇設防。奉旨赴熱河練兵，方在軍中，未逾月，左遷烏里雅蘇臺大臣。都人為打油詩曰：「一自二妃失寵來，伯愚烏里雅蘇臺。冰山已倒冰蛆散，愁煞江南李木齋。」木齋為當時清流，與侍郎友，故連及之。

翁同龢不治敗將

田莊臺之戰，吳大澂為統將，當平壤之葉志超；魏光燾領重兵，當平壤之衛汝貴，狼狽尤勝於前役。常熟翁相當國，均置不問，且使回任供職。異日翁相得罪，大澂連坐，輿論無有寃惜之者。

聶士成等人虛報戰績

日本軍鋒所及，當者輒靡。是時，其兵未若後日之眾，皆在沿海一帶，與舟師相接應，且利以入關，無暇他顧。大連、鳳凰兩城，雖克勿守，金、復、海、蓋均下，捨遼陽不取，捲甲西趨，急攻牛莊。山東榮城、文登，既得旋棄。兵艦遊弋，已近大沽口外，其意可知。聶士成守連山關，以克復鳳凰城為己功。依克唐阿、長順守遼陽不失，以為陪都保障，且盛稱東山獵戶之力，而遼陽州知州徐慶璋，因此而有「徐青天」之稱。所謂虛報戰績者，非耶！

甲午戰敗都中嘲諷聯語

德宗入繼，寥齋中丞上疏，請尊崇所生。上以醇邸原奏昭示天下，其中曉諭之詞曰：「吳大澂果有此奏。」迨中丞兵潰於田莊臺，奉諭議處，其中詰責之辭曰：「徒托空言。」都中集為聯云：「果有此奏，徒托空言。」是役都中詩詞聯語甚多，茲錄五聯。一曰：「萬壽無疆，普天同慶；三軍覆沒，割地求和。」二曰：「臺奉二百兆，一分薄禮；翁孫十八子，三代同堂。」謂常熟、濟寧、合肥也。三曰：「送臺灣，翁孫雙定計；使日本，父子兩全權。」四曰：「相國合肥天下瘦；司農常熟世間荒。」五曰：「衛達三呼冤赴菜市；劉坤一掙命出榆關。」又有詩曰：「軍書旁午正倉皇，又見尚書訪鶴忙。從此儒林傳雅話，風流猶勝半閒堂。」甲午冬，東單牌樓二條胡同翁常熟尚書宅逸出一鶴，尚書自書「訪鶴」二字於門外，故有是詩。

李鴻章割地賠款

中日議和之始，張蔭桓、邵友濂為專使。蔭桓請訓，時上諭以「償兵費可許，割地不可許」。總署為擬漆書云：「有關重大事件，須電奏請旨。」兩使銜命至長崎，日本問有全權否。對曰：「有之，惟須電奏定議。」日人謂權力不充，拒之不納，而示意須李相來。朝廷不得已而使之往，且允割地。既得所欲，旋為俄、德、法三國干涉，日人懼，惟取臺灣而歸我遼東。是時日本兵力，如是而已。

甲午之役，敗於離心離德

日本之勝中國，所謂彼勝於此則有之。是時，日本兵法，未臻精密，尤其甚者，海軍之脆弱也。外交情形，亦復茫昧，所僅知者，唯聯英一國而已。大東溝之戰，日本陣法，識者謂以中國舟師嚬數，苟駕馭得法，足以剪此而有餘。當時伊東祐亨，海軍知識猶極幼稚，與其言戰，毋寧謂之歷練膽識，姑試之云爾。日軍力竭而遁，既而餘艦補充，商船改造，仍耀威於海上，乃舉國一心之效。吾國艦隊殘不成軍，伏匿不出。江、浙、閩、粵四省督撫作壁上觀。政府設施，唯知詰問北洋，以窘淮軍。上下離心離德，自取覆敗。我愈鈍，敵愈利，天也。馬關和約，群雄環伺，伊藤陸奧豈不知遠東之為禁臠，而幾幸中國之昏闇。俛得俛失，皆於俄頃間。中國當道，遂舉此以例孤懸海外之臺灣，屢求乞於倫敦，迄無效果，其愚誠不可及。然與彼時日本之軍事、外交相較，亦百步五十步之間耳。

亞洲門羅主義

當時西人議論，謂日人明知遼東割讓，必啟外人干涉，曷不早為之計：使伊藤博文於中日約定之後，留李相勿遣，以遼東歸之，脅與訂中日聯盟約，亞洲門羅主義，其庶幾乎。

臺灣抗日

臺灣之不能自立，無智愚皆知之。唐景崧、劉永福未嘗不曉然於中，其所以敢於拒日者，離亂之中，渾水摸魚計也。景崧七日而亡，永福一戰而潰，人早料及，固無足異。楊西園尚書遵旨內渡，率所部歸，不傷一人，不折一矢，身名俱泰，其識固加入一等矣。景崧，同治乙丑進士，少有文才。曾作謎云「蕩婦燈下製郎冠」，打唐詩一句「碧文圓頂夜深縫」，甚為京師一時傳道。

慈禧欲究主戰之罪

和議既成，慈聖頗欲根究主戰者之罪。以高陽老成，且為穆宗師傅，不疑之及，意專注於常熟。於是，吳大澂已復任而尋免，汪鳴鑾突然被譴，俱常熟里黨。其時常熟之帝眷未衰，猶為曲諒，故僅披其枝葉，而未傷本根也。

李經方以晚節終

李文忠以洋務為世詬病，嗣子伯行侍郎尤被其禍，甚至謂其婚於日本皇族。袁爽秋太常，先與有兒女姻親之約，甲午之後，至絕其婚。其為眾口所不齒如此。人三成虎，不足為奇，莫奇於當時士大夫隨聲附和者之眾也。惟劉壯肅及袁項城賢之。壯肅曰：「伯行至金陵應秋試，吾入其寓之門，無門焉者。因而入其室，主人方讀文，專心致志，若未見客之來也者。吾近察之，書几上置角黍一盤，糖一匙。因近墨盂，讀時目視書而手取角黍，蘸糖食之，誤蘸於盂，墨瀋淋漓於口角，於此足徵其好學。」壯肅始終敬禮之。

項城小站練兵，東海為掾屬，偶然談及。項城曰：「公等知伯行為何如人？」東海曰：「吾習聞京師南城士夫之議論，知其李傅相之不才子也。」項城曰：「彼以李傅相之故，而屈抑其能，苟非為傅相嗣者，其名位必不止此。以吾觀之，朝廷不欲求賢則已，果欲得人，此真天下才也。」其傾倒如此。洎項城得志，坐鎮北洋，遙執朝政；侍郎素與有舊，段芝貴為居間，攀援而得任英使。過津，侍郎執下屬禮甚恭。項城以蘭譜答之，歡若平生。既而，項城罷官居洹上。侍郎三載任滿而歸，以武進盛尚書之薦，署郵傳部侍郎。入京供職，道出彰德，咫尺之遠，未往謁見。旋繼梁燕孫之後，任鐵路局長，將項城左右素豢養於九路者，裁撤大半。侍郎久於外省，未諳酬酢禮節，致忤權貴，非其本懷。因此與項城絕，以晚節終，可謂幸矣。

袁世凱恨李鴻章

中日戰罷，高陽、李文正用項城為將，以新法練兵於小站。文忠自馬關歸，偶與語及，曰：「余敗軍之將。候袁大少爺成軍後，可以一戰。」項城聞言，憾之終身。

四川教案

先文莊督川八載，遇教案兩次。未履任前，有重慶教案，教紳羅元義糾眾械鬥，致傷人命。文莊至，梟元義以徇，法使爭之，不許，而亂立止。大足教案，薄給以資，令移教堂以去，民教均服。甲午之冬，解任受代，新督兩易其人，未及至蜀而事發。是時民仇教甚，不數日中，蜀境教堂幾毀其半。適當中日戰役之後，公使、教士氣焰甚盛，朝旨罷川督職以謝。

觀於《中東戰紀本末》所載路透電，言英、法兩使，皆自言功，而不知其故。其後，聞於李文忠公曰：「軍敗於外，禍發於中，是予之過也夫。惟時英使日至譯署，噪於恭、慶兩邸前，請鐫川督職。予方議日本商約，遇恭邸，問曰：『川事奈何？』恭邸曰：『任如何，必不許。』是日，恭邸以他故先去，而慶邸諾焉。予素知川中教堂多屬坎拿大，今茲教徒呼籲，正坎產也。坎雖屬英而隸藩部，英使曷故而爭，譯署曷故而許，均出軌道之外。」觀此，可見數十年前之外交。

上意不滿於太后

初次償日本款，在日兵臨境之時。太后以部款不足恃，出內帑二百萬兩。張樵野侍郎時在戶部，召見時，言於上曰：「臣任戶部，奉職無狀，致動內帑，俟庫款稍裕，當先籌還。」上變色曰：「斯何時也！何須預籌及此。」侍郎窺伺上意，不滿於太后。因受帝眷，不免過獻殷勤，故及於禍。

甲午前李鴻章之譯才魚目混珠

甲午以前，譯才絕少，伍廷芳、羅豐祿皆北洋一時之選。李相入閣辦事，豐祿中西文並佳，得留直隸，祿位如舊。廷芳隨李相至京，議日本商約，日譯路透電文，令人以精楷寫之，呈諸李相。一日，問曰：「汝自書耶？」對曰：「然。」李相曰：「嘻！羅豐祿謂汝不識字，何其言之甚也！」顧視其公子季皋，曰：「固勝於汝。」適僕人以路透電至，公子請曰：「譯署索取，曷令就此譯之？」廷芳大窘，轉求其解，且問文體於公子，而草草錄出，字皆如指頂大。李相一見，曰：「汝年尚未衰，目力胡以類於老光，今日未攜爾眼鏡來耶？」一笑置之。

先是，有浙江許甲者，與李夫人有戚誼，需次直隸。李相以其年少，命其至幕府美人畢德格處，講習西學，甲漫應之而終未往。將及年餘，一日，召洋人某乙入署攝影，用甲通譯。甲聞之大窘，急走告畢德格，先見某乙，為道其情，約以手作勢，而唇吻任意作聲。李相不通外國語言文字，見甲與洋人應對裕如，以為可用之才，曾不知其口中喃喃作何語也。有間，以為洋務局員。老輩之易欺如此。又數年，李相出督兩粵，舊日舌人星散，僅攜醫士麥信堅自隨。道出香港，酬酢中應有祝辭，皆畢德格預為之捉刀，麥信堅背誦而已。大庭廣眾之地，竟能魚目混珠，此今人幸進之心所由起也。

李鴻章訂中俄密約

文忠使俄，慈聖召見於便殿，問曰：「汝知使命之意乎？」文忠對曰：「未也。」慈聖曰：「中國敗於日本，汝辱斯甚，國恥如何？今命汝西行，聯絡歐洲，抵禦日本，慎之勿懈。」文忠至歐，乃有中俄密約，與俄主面訂。同時雖洩於外，多出各國外交家所揣測，其真相未顯也。中俄皇室相繼傾覆，條約畢露。

李鴻章與李鴻藻兩人大鬨

李相兩次出國，皆以嗣子伯行侍郎自隨，緣侍郎曾習英文，以為行李之便而已。馬關定約，李相與伊藤會議場，侍郎欲有所言，李相輒眴使勿發。隨員中苟有所見，則令臨時略書數字觀之，以便採用。此人人所共見者也。初，中日和議，文忠知難辭謝，然辭氣之間，不無躊躇。高陽李文正矢之曰：「好為之，所不與公禍福相共者，有如天日。」約定，而文忠大受攻訐。及俄都，使節將行，朝旨命仲子隨往，文忠為伯氏固請以行。文正曰：「父子同日受命，主恩隆甚，於公足矣，何必伯氏？」文忠盛怒，歷舉日約之任怨，且譏文正之食言，二公因之大鬨。未幾，文忠面聖，竟得所請而去，文正亦無以難之也。

蒯光典沾染清流風氣

蒯禮卿京卿學識宏通，吾鄉人士，近代以來，殆無以加焉。京卿以光緒九年成進士，朝考文字，為豐潤張幼樵副憲閱卷所見，大為激賞，擬為首選。高陽同為閱卷大臣，抑置稍後。既而，副憲娶於李相之女，京卿娶於其弟之女，殊不相悅。副憲語及閱卷事，輒曰：「吾目盲矣。」京卿通籍，正當清流風氣大盛之時，不免稍有沾染，畢生尊高陽、南皮若山斗。甲午後，乞假南歸。及李相使俄，遇於滬上。李相見之，責斥備至。京卿突起立，曰：「我有三字奉中堂：不佩服。」一揚長而去。李相怒，呼曰：「小子！小子！汝父若在，必施汝以夏楚。」然亦無如之何也。京師貴人門役，對於有求者，輒靳之以取利。至於榜下門生、衙門屬吏，為之通報，曾不少游移於其間。惟張文達之門者以戇著稱，賓客來者多畏之。一日京卿至，門者問曰：「汝數數來者，何耶？」京卿曰：「我想中堂。」同行者忍俊不禁。

宦途之關係網

燕俗重氣義，居燕久者，亦沾染其俗。門生傳衣缽，最為密切；因師生而及年誼；年誼之外，復有鄉誼。論其交道，古義可風，毋惑乎其鄙薄南人之寡恩也。京中有〈譏貧乏〉打油詩云：「先裁騾馬後裁人，裁到師門二兩銀。」「二兩銀」者，惟座師乃克有之。朝殿老師，京錢八千而已，然三節兩壽均不可少，總數為不輕矣。門生以此敬師，苟並此而吝之，是絕望於宦途也，故詩言及之。楊渭春觀察為工部主事時，貧至不能舉火，乃上書假貸於孫文正，其壬午鄉榜座主也。文正出書，其家人詫曰：「門生而乞助於師耶！」文正曰：「唯然，必與之。彼非情急，而肯作此請乎？」及文正由總憲授工部尚書，觀察正其屬下，因以第一優差琉璃窯予之，知其匱也。於此，可見前輩師生之誼重。至於年誼，近年以來，惟聞仁和王文勤舉其年家子善化瞿文慎為樞臣，入參密勿，其事最著。

然科分關係，數百年來，京人視之，幾同結社。每科一人之興，而京外官僚，以下至微員末秩，依附而起，何可勝道！同鄉之人，生同里閈，若在本地，人人皆是，奚足為異！移而外出，以希為貴，便有香火之情。京師為各方人民聚集之所，派別既多，桑梓益視為重，於是設會館以為公共之處。始而省會，繼而府縣，各處林立。此等天然之黨籍，較之樹一義以為標幟者，未知利害奚若。在閉關時代，由座主之關係，或州域之關係，天然成為同志，謀公私利益而共守倫常大義，以輔國家太平有道之長基。較之罔利營私漫無限制者，損益相去，不啻倍蓰矣。

訟師遷墓

往日之訟師，惡名也，其事則律師之事也。家敏齋購宅外隙地，上有土丘，相傳以為無後之墓，地主請移之去。敏齋曾任甘肅隴西縣令，知有不合，商之本地訟師王清臣。使一無賴某甲，自承為先人窀穸，遷葬。方將掘土，市中別一無賴某乙，持香燭至丘前拜，哭且訴，謂其家三世祖墳，非甲所有。掖之出，憤去，言必訟。既而掘至丘下數尺，中無所有，乃知稱墓之誤。甲方驚訝，清臣令往錢家坡亂塚中，覓一死柩，移至其家啟視，仍封如舊，朝夕奉祀，以備訟事。質訊之日，官問曰：「既為爾祖，當知其為考為妣。」乙支吾莫對。甲滔滔具陳柩內情狀，驗視果然，乙遂敗。

翁同龢借款

日本二次償款屆期，常熟為大司農，仰屋無策，求計於恭邸及合肥相國。合肥與俄使議，密約借羅布一萬萬，南海張樵野侍郎曰：「一萬萬何濟？若得二萬萬，將三次兵費一次償之，既省借息，且免日軍駐費。」合肥以為難。既而謀之英使，欲影射俄事以動英，而俄約漸洩。英使甚中俄交密，昌言曰：「中國借款，列強利益均沾，何獨偏於俄？此約果行，中國鐵路應借英款，且另闢通商口岸以為報。」俄使又以洩漏密約相詰，總署甚窘，南海居間調停，兩國分借，迄無成議。時中國通商銀行方創始，總辦盛宣懷，與海關歐人某訂草約，借五千萬兩，通商銀行作保。電告總署，合肥、常熟皆喜。南海曰：「此必無之事也。通商銀行資本號稱百萬，尚不敷借款一年之息，何能擔此重任？」已而果然。其他各國商人，紛紛奔走合肥之門，百計承攬，一經查核，轉瞬皆虛。南海謂常熟曰：「公毋與合肥謀矣。吾師外交如寧武子，愚不可及。」常熟曰：「如之何而可？」南海曰：「欲借英款，莫如用赫德。赫德我僱用人也。」乃以鹽稅、釐金作抵，籌借商款。將戶部暨總署全案，查交赫德，議乃定。從來洋債有回扣，二公祕密不可知，然媒孽者藉此為詞，而禍自此伏矣。

張蔭桓獻珍寶

張樵野侍郎患慈眷之衰，使英時，立豫甫為之謀曰：「歸宜有珍奇之獻。」及返，獻祖母綠寶石嵌金鋼鑽鐲於太后，獻紅寶石嵌金鋼鑽於皇上。祖母綠以重價購於法官，舊皇室御用物也。紅寶石為洋匠偽製，光彩奪真。先獻上，上諭命並獻太后，由立豫甫介總管李蓮英以進，蒙恩賞飯。惟豫甫覺其偽，常謂人曰：「樵野竟於上前魚目混珠，可謂一身是膽。」

李鴻章欣羨試官

丁酉秋，各部尚書九卿，皆以別故，難與總裁之選。李文忠欣羨得一試差，以補生平之缺憾。時于晦若侍郎方在其幕，曾為擬策題五道備用。善化瞿相國方簡詹事，懼不得學使，而知來年會總之無望，頗有希冀之意。一日，當孟秋之末，善化在文忠所，預賀其簡在帝心。文忠曰：「吾老矣，縱有是事，其何能為！所望者與子同膺簡命耳。」二公寒暄之辭，《夢蕉亭雜記》以為先得消息，蓋傳聞之誤。

孫家鼐代擬試題

欽命試題，光緒年間，多壽州孫文正公代擬，以書一冊折角為記上呈。《四書》文、經文以監本進，無可更改。詩題初出於《唐宋詩醇》，繼改用乾隆中尹文端所編《斯文精粹》，復改用《御選唐詩》。光緒丁酉以後，帝年已長，擇句無須乎人。故自壬午會榜之後，孫文正公從未膺衡文之命。洎科舉末造，迭掌文衡，乃由於此。

各國使臣飛揚跋扈

甲午之後，各國使臣，皆彼中一時之傑。利於彼必害於我，自不待言。英使竇樂泰、法使施阿蘭、德使海靖、俄代使巴布羅福，尤稱魁首。滇越邊界簽約之日，恭邸取閱地圖，施阿蘭強之畫諾。及章京以圖進，悔已無及。不特蹙地千里，並緬甸甌脫而亦棄之。竇樂泰大嘩，予以其他地，乃已。是時，總署大臣，匪惟弗悉敵人趨勢，即外人之性情、禮俗而不知。往往在我以為侮，而在彼不覺；在我以為禮，而在彼有不能堪者。海靖初見，譯名曰「海靜」，恭邸曰：「君來尋好，而名旁有爭音，非佳象也。吾為君留靜之左青為音，而加立為形，曰『靖』可乎？」海靖大悅，自此改名。恭邸亦大悅，以為是固可以狎而玩之也。孰知德文譯音之字，外人視之，何足輕重，徒費口舌而已。未幾，各國使臣入覲，畢，隨擯者循廊而退。海靖徑自階下，敬信挾其臂，使從行。海靖奪臂去，眾賓中有從之者，於是，朝儀大紊。總署諸臣憤海靖無狀，擬加詰問，南海張樵野侍郎不許。旋德使館來書，責敬信失禮。事聞於上，屏敬信勿用。海靖氣益張，卒奪膠州灣。自此而後，譯署聞海靖至，幾於談虎色變矣。然德取土地，藉口於教案。俄與我有密約，繼索旅順、大連灣，巴布羅福措詞為尤難，而亦如其欲。故當時說者言：海靖以剛，巴布羅福以柔，及其成功則一也。

俄之大錯，啟日俄之役

俄之大錯，莫如俄、德二主彼得黑府之會，縱德以取膠島，俄因勢而租旅大。俄主權重，大臣爭之不得，遂啟日俄之釁。數百載皇族，因之而覆其宗，數十世輿圖，且以此而變其色。英雄能造時勢，豈惟英雄能之哉，庸主之一顰一笑，固未可輕也。

翁同龢、張蔭桓受命辦膠案

德據膠州，使臣海靖忌李文忠為梗，致書總署，言中國威名夙著，而平素輕己之。某大員不欲與議，於是文忠擯不與聞。而常熟翁尚書、南海張侍郎受命專辦膠案，盡從德人之請，唯魯撫李秉衡獲免於咎。常熟頗自幸，言：「國體所關，人才可惜。」文忠笑云：「然則川案之無人才，雖被黜，亦無關於國體，可以概見。」常熟亦笑，無以應也。

列強紛紛租港口

德、俄協以謀我，膠案即結未幾，即有俄租旅順、大連之事。適當戊戌會試，文忠方希冀試官，聞俄使巴布羅福有所請求，知為己任，笑曰：「衡文之事，殆無望矣。」時公方中讒，於此種外交，更無能為力。於是，俄租旅大，法租廣州灣，英租威海衛，得所求而去。及慈聖臨朝，意索三門灣，百計恫喝而無所得，使臣解職去。自此外人需索，戛然而止。乃知兩階干羽，威格有苗，古人並不欺我。

李鴻章之洋幕府

畢德格者，曾為天津美領事，慕文忠之名，捨官就幕。籌築關內外鐵路，為中國鐵路之始基。公子伯行從之習英文，曾見曾侯《日記》中，所謂「美人白遜克」者，是也。公子季皋朝夕與遊，亦從問學。文忠入閣辦事，居賢良寺，與聞要政，苟有事至使館，必使之往。德據膠澳，銜朝命晤巴布羅福，俄卒無所助。此中國昧於外情，猶未知俄、德兩君會於彼得黑府之事也。

翁同龢曾薦康有為

常熟相國與南海張樵野侍郎生連帶關係，自康案始。乙未會試，常熟披落卷，得有為而中式。有為有知己感，欲上書自見。以張侍郎為其鄉人，較為親近，乞為書，先容，常熟允之。及往，仍拒弗納。侍郎問之，曰：「此天下之才也，吾無以處之。」及丁酉歲有為再入京。常熟知上意求新，遂薦諸朝。恭邸曰：「額外主事保舉召見，非例也，不可。」無以先之，乃命於總署見。會年節伊邇，無暇及此。戊戌春正月三日，慶邸、合肥、常熟、南海見有為於總署。未幾，有為上書言事，上交總署議奏。章京持以請命於常熟曰：「准乎？」曰：「不可。」曰：「駁乎？」不應。曰：「然則奈何？」曰：「擇其可者而許之。」於是議准二事，曰：「商務」，曰「礦務」。總署諸公以洋洋數千言，條陳十數事，僅允其二，懼失上意，不得已，奏請軍機會議，樞府諸公惟恐任咎，擬旨會同王大臣議。迨奏上，准者過半，有為自此獲上。及有為得罪，常熟、南海皆列名康黨，實非二公本懷。

再談年終密考

年終密考，少則四字，至少二字，至多十六字。蓋以備萬幾之暇，知其人之大略。非為作傳，以概其生平，亦非為作論，以較其長短，固無須乎多也。向例由軍機大臣資望在先者呈覽，政府中新進不盡知也。丁酉年終，李文忠問翁文恭曰：「近為何事，而冗若此？」文恭曰：「日與蘭孫抄錄密考，不勝其繁。」文忠曰：「曷不使子密為之？」文恭曰：「子密篤於交遊，懼其先以報喜也。」以當時錢侍郎之資望，尚不能預於機密，他可知已。宣統以後，則攜出謄錄，視之不若往日之重，朝廷每年黜陟之典，亦不盡行。滇督李仲軒制府，於每人密考，各二三百言，於是失密考之本旨，視如例事。樞臣亦公然攜出錄副，無復秘之可言矣。

京朝官重前後輩之禮

京朝官重前後輩之禮，翰、詹、科、道、樞廷向有此稱，相沿成俗。俄租旅順、大連案，李文忠主稿。畫諾後一日，遇許筠庵尚書，問曰：「旅大事奈何？」文忠曰：「與之。」尚書大詫，曰：「中堂不知譯署有同官耶，而自為政也？」文忠曰：「爾足不至署，謂予能日至而家請命乎？爾無多言，他日予將至清秘堂判曲直焉。」尚書為之奪氣。翰院之制，後輩無禮於前輩，直呼至清秘堂服罪。文忠蓋以此窘之，尚書雖貴，未敢抗也。周鏡漁廉訪為軍機處領班章京時，有新進傳到，前問其字，廉訪立呼蘇拉入室。蘇拉者，清語僕役也。謂之曰：「汝領此君出，以我籍貫、姓字、官銜、寓所告之。予有公務，未暇與敘寒暄也。」廉訪手裁過峻，未免令人難堪。部曹之中，雖無前後輩名稱，然尊卑判別，出於天然。新進到部，分司入室以後，僕役引見本司所有人員。自印稿以下，皆一揖而退，印稿略有問答，乃列之至末一座，同官籍貫、姓字、官銜、寓所，均令僕役開單記之，不敢面詢也。次日按單登門往謁，或遇或不遇，不遇則再往。繼而因友及友，介紹屬托，漸次相習，乃擇日宴請同僚，杯酒聯歡。自此而後，升沉進退，皆托命於印稿。縱有年姻故舊，轉相攀附，不能逾此範圍之中矣。

李慈銘《越縵堂日記》雜蕪

《越縵堂日記》近日頗有盛名，常瀏覽一過，記之如下：

蒓客記所讀之書全無宗旨，嫌其太雜。經史子集，無一不有，讀之未畢，隨手札記，難免首尾不貫。如經學之《禹貢錐指》、《尚書古文疏證》、《詩毛傳疏》、《左通補釋》、《左傳賈服注輯述》，小學之《駢雅》、《說文佚字》，史學之《記載類篇》、《野獲編》、《明季北略》、《明季南略》、《小腆紀年》，金石學之《金石史》、《石墨鐫華》，別集之《道古堂全集》、《味經堂遺書》、《焦氏叢書》、《蛾術堂全集》、《景紫堂叢書》。多長篇巨帙，或專門名家，在他人畢生精力所在，僅看一序，以一日了之，便加評語，謂之讀書，孰能信之。最可笑者，叢書目錄抄寫多種，連篇累牘，視為珍秘。其至《縉紳錄》亦刪節記入，無復著書之體。同光以來，文人不篤志於學，咸以書籍作談柄，為欺人之計，悉是類也。

李慈銘讀書不終卷

點閱之書，《日記》中僅見三種：一《周禮注疏》，一《吳梅村集》，一《戴東原集》。皆一二日即止，揆厥情形，恐未終卷。又，一日讀杜氏《春秋經傳集解》，於惠氏、馬氏、焦氏《補注》、高氏《地名考略》、江氏《地理考實》、邵氏《南江札記》、王氏《經義述聞》、邵氏《規過持平》同時並進，一日而終。雖精力過人，恐無此理。

李慈銘不通小學

論誠字工夫須自然，不須逼促。惟學問之道，苟非上智，無不從勉強而行之始者。蒓客平生近於放浪，皆此說誤之也。蒓客於小學未識門徑，始譏陳珊士、孫蓮士作字從篆體，同治五年四月以後《日記》，摹仿《說文》，則誠之謂何？謂酒壚之壚，《史記》作「鑪」，《漢書》作「盧」。按，盧為本字，「鑪」、壚為後加偏旁之字，何足深論。謂天數一，故引申為專壹。按一字不作壹解，又不知壹本從「壺」，且誤壹為「壷」，益生紛糾。《爻山詩話》據《博古圖》，「單疑生」即「散宜生」。按，單、散、疑、宜，古字通用，抑何足記。其邑人陳致英之

《書契原指》莫非盲說，津津樂道，尤為無識。

李慈銘隱善揚惡

《讀史札記》較有可取，然多單辭片證，蓋於頃刻之間，逐卷尋覓而得之。非若王西莊、趙雲崧輩，有所見而錄之，積少以成多也。明季雜史，略有考據，亦皆細故，無關宏旨。謂「柳如是歸錢牧齋後，遇宴客，仍出勸觴。」雖載全紹衣《鮚埼亭集》及計六奇《南略》，抑何足記。謂梨洲涂澤學術，以相炫耀；苦貧不免請托，以冀沾潤；呂晚村託買祁氏書，梨洲擇其奇秘者自買，而以其餘歸晚村；梨洲晚年，燭籠上題「召試翰林」；傅青主印章，有「徵辟博學鴻詞」；陸清獻與呂晚村投分最契，不啻一人。云出於鈔本，國初人傳，雖不知其真偽，然何必隱善揚惡。

李慈銘詞章差強人意

讀國朝人集，常數十種，不倫不類，莫名其意。詩宗七子，故推崇明人甚力，一隅之見，姑不必論。至近人詩詞摘句圖，不免明季山人之習，數數見之，尤足令人生厭。然在此書中，猶為上乘。蓋蒓客一生學問，惟詞章差強人意耳。

李慈銘未能盡通古禮

生性好揭人短，論經學則以焦里堂為偏譎，論古文則言方、姚之陋，詆曾文正之未純，而茅鹿門並不菲薄，可謂別有肺腸。臧氏《拜經文集》有〈妾服議〉，引《禮》君為貴妾服緦，以貴妾為妾長有子者。按，臧氏之解，誠有未妥。辰嬴生公子樂，又為秦女五人之一，而趙盾謂之賤，則妾之稱貴，不以有子，亦不因侄娣，明矣。蓋喪服之制，論其報施而已，本無親疏貴賤之別。故子為父三年，父亦為子三年。夫為妻三年，妻亦為夫三年。同爨互為緦，即君臣主僕初無有分，以示哀戚，非以辨等差也。雖書缺有間，其詳不得而聞。然以理推之，子於父在不為母服三年，則妻於夫在亦必不為子服三年。君為貴妾服緦，則貴妾亦必為君服緦。君不為他妾服，則他妾亦必不為君服。蓋夫人薨，曾為繼室，始謂之貴，此可斷言者。蒓客泥於貴妾為侄娣之說，以妾服為後世所不應有。謂臧氏之議，獻媚於阮文達之死妾，何其誕與！

李慈銘好罵人

於時人謾罵殊甚。謂左湘陰為「耄昏」，李高陽為「要結取名」，閻朝邑為「獸心狗冠之徒」，張南皮為「僉壬禍首」，張豐潤為「妄人」、為「宵人」，陳閩縣為「輕險之士」。又謂南皮、豐潤為「鼠輩」，閩縣之劾張靖達為「狐埋狐搰」，王湘綺為「江湖佹客」，吳愙齋為「吳下書畫清客」，趙撝叔為「妄子」，于晦若為「風狂」，周星詒兄弟稱為「周蜮」，猶以為有怨也。他如戴子高、楊海琴、鮑子年、何子貞、李山農、陳壽卿、吳平齋，皆致不滿，或加醜詆，適成其為無忌憚之小人而已。

李慈銘罵一時之人

嘗合一時之人而論之。謂：「嘉慶以後學者，遊談廢務，奔競取名。」於光緒十年政府易人，則曰：「易中駟以駑產，代蘆菔以柴胡。」於朝臣，則曰：「大臣非闒陋則偏愎，小臣非鄙猥則譸張。」可謂一網打盡。

李慈銘罵一處之人

又嘗合一處之人而論之。曰「北人昏狂」，曰「皖人無一可用」。曰「江西無學者」。曰：「杭人之詩，以江湖塗抹為事」。曰「吾鄉粵逆之變，持節者逃竄，縉紳之屬，輸貢賊庭、受偽職、毒鄉里者，不可悉數」。曰「攘竊為閩人之慣技」。曰「顧、黃從祀，出於福建子之請」。辱斯甚矣。

李慈銘有揶揄之筆

又有揶揄之筆。言：「張文襄升遷之速，由於日本人致書請見，為上所知。」言：「沈子封之入合肥幕，因其大父鼎甫為合肥太翁入學之師。」其落第之時，叫囂尤甚，指摘瑕疵，不遺餘力，主試者不得免焉，中式者亦不得免焉。蒓客謂舉孝廉方正者，庠序之潦倒。彼之所為，毋亦近於是乎。

李慈銘記妻妾爭鬥

甚至妻妾爭鬥，無道處之，亦藉口誅筆伐之能，以洩其忿。尤可笑者，姬侍當夕，並入記載，然則《日記》將兼為淫籌乎！

潘祖蔭贈金李慈銘

相傳蒓客居京師，以《日記》為廣通聲氣之用，不如其意，則於《日記》中貶之，因之借《日記》者不絕於門，如滬上人之讀小報也。潘文勤乃其師也，不受其節敬而反贈以金，每至節下，輒問其僕曰：「李老爺麩料已送往乎？不爾將踶人。」都人至今猶有知者。

同治朝科考作弊成風

咸豐以前，春秋兩闈，懷挾之咎尚重。同治初元，帝幼，多年不親政，搜檢王大臣漸從寬。四年，乙丑科會試，有舉人遺書於地，吏以奉於王，王納之袖中，曰「奈何以帳簿入場」，釋之去。十二年，癸酉科鄉試，有生籃中書籍紛紛墜地，王顧左右而佯作不見，此猶可曰「掩耳盜鈴」也。光緒間，考生皆以四輪藤箱滿載書籍，曳之以入，公然犯規而不禁。北闈中不許亂號，槍替猶少。南闈號衙僅閉一日夜，近於兒戲。殿廷考試，惟重試題出處。始猶數人相約，分攜《佩文韻府》，藏於靴筒，繼而各納箱內，閱時置諸小几之上，無人過問。監試王大臣頻喚吸煙者出殿外，若似乎責任所在，僅防火燭而已。

康有為之公羊學

沈文起《左傳補注．自序》末曰：「今險忮刻薄之人，有竊鑽何休之餘竅，以挂誤餘子，何不仁之甚也！蓋聖世之賊民而已矣。」其言本為同時之劉申甫、龔定庵、宋于廷諸人而發，然未至是也。自國初漢學，進為道光中葉之西漢學，識者知其不祥，以為漢德將衰之兆。為西漢學者，以漢學對宋，已大獲全勝，無鑽研餘地，不得不別出一途以自見。繼之者即有周人經說，更高出西漢一等。然為求學計，非求仕計，大言而已。學派競爭，與世無涉也。

不意數十年後，有南海康長素公羊之學，以孔子改制為名，欲先講學而後輔政。成進士後，朝考閱卷大臣故抑之，以歸部曹。其弟子新會梁卓如，鄉舉出李端棻門下，一見大為激賞，以妹妻之，戊戌會場，已薦卷中式矣，忽為主司所覺察，黜之榜後。領出落卷，房批云：「還君明珠雙淚垂。」卓如不得志，益肆意於新學，與其師互相標榜，遂興戊戌之變，釀為庚子之亂。以此與申甫諸君子相為比例，固不得遽謂之同，亦不能斷定其異也。

李文田批康有為是亂天下之人

康有為為孔子改制之說，值中日戰役後，人心思治之亟而入於幻，異說乘之而起，於是學風為之一變。有為中式光緒乙未科進士，朝考，其同鄉李若農侍郎在閱卷大臣之列，惡而黜之，用工部主事。科舉時代通行之例：於鄉會試總裁、朝殿試閱卷大臣，皆尊為老師，自稱門生。有為見侍郎，謂為「先生」。問故，對曰：「古之道也。」侍郎曰：「若然，徐蔭軒不幾為相公乎？」京諺優為相公，故侍郎以是質之。其後梁啟超往見，侍郎曰：「亂天下者，必此人也。」粵人好言新，而侍郎持論如此。

李鴻藻陰畏張佩綸

有為求用世之學，以得君為重，曾兩謁豐潤張幼樵副憲，問何以得志於高陽相國。副憲在光緒初方露頭角，鋒厲無倫，有參奏高陽風說。高陽陽與修好，陰實畏之。副憲遣戍之後，不復起用。曾致書合肥相國於京師，就商出處，末云：「蘭師何以處我。」合肥持示高陽，高陽若弗聞也者。其交誼如此，其得君之術抑可見矣。及有為往見，副憲豪氣全退，謙讓未遑，陽為不知。

梁啟超轉移風氣

有為雖為新黨魁首，而文筆繁冗，實不足以動人。上皇帝萬言書，其中最警策之句云：「皇太后，皇上，將求為長安布衣而不可得。」可謂敢於直諫，而不可謂之善為說辭。謁見大員，輒云：「小變則小效，大變則大效，不變則亡。」聞者　置諸耳而已，未之能信也。當時情事能令觀聽一傾者，厥惟《時務報》，自新會梁啟超《變法通議》刊載報首，描寫老大帝國致敗之由，恰如人心之所欲道，益以同黨宣傳之力，遂能風行一時，京城內外，幾於家有其書。人人爭譽其美，遂入其彀中，隱為所動而不之覺。茲將《變法通議》中，憑空杜撰者，擇錄如下：

論學會云：「西人之為學也，有一學，即有一會，故有農學、礦學、商學、工學、法學、天學、地學、算學、化學、電學、聲學、光學、重學、力學、水學、熱學、醫學、動植兩學、教務等會。乃至於照像、丹青、浴堂之瑣碎，莫不有會，其入會之人，上自后妃王公，下及一命布衣，會眾有集至數百萬人者。」

論譯書云：「諸國都會之地，庋藏漢文之書譯成西文者，浩博如《全史》、《三通》，繁縟如國朝經說，猥陋如稗官小說，莫不各以其本國語言繙行流布，其他種無論矣。」

在今人言之，鮮有不斥其妄者。而三十年前，昧於外務，群眾心目之中，頗為傾服而與之俱靡，既愛其大體，亦不暇議其微疵。甚矣匹夫之力，足以率天下而趨於其所指引之地，使風氣轉移於無形，於斯見之矣。

康梁聲名盛極而衰

有為字長素，不知其何所取義；京城士夫習聞其言孔子之教，以為長於素王也。因而啟超及順德麥孟華悉被以嘉名，曰「超回」、曰「軼賜」。孟華主《知新報》，文氣蕭索，與其師同。更於肉食者，鄙薄過度，每一論出，毒詈醜詆，不遺餘力。久之，讀者由厭生倦，咸棄去。不半年間，康、梁之赫赫聲名，漸如爝火矣。

康有為隱奪政權

有為進士改部曹，啟超落第舉子，不得意於仕進之路。求用於世，乃別出一途，以希自見，以廣義言之，有志之士當如是矣。然二人寒士，自顧謀身之不暇，文仲恭侍御疏中，謂「曾拒其重賄」，言「臺諫中，如楊深秀、宋伯魯，皆受百金之月俸，為之爪牙」，殊屬不近情理，故劾者愈眾，而上信之愈深。侍御既貶，未幾，禮部六堂同時並罷，以楊銳、林旭、劉光第、譚嗣同參預新政。稍涉機要，皆令四人擬詔，軍機大臣不知也。及成，徑達上所，軍機大臣亦不知也。有為又請開懋勤殿置十友，隱奪政權，於是人人怨恨而大禍作矣。

外人助康有為逃至香港

有為先奉嚴詔，促其出京。事洩，楊銳、林旭、劉光第、譚嗣同、楊深秀及有為之弟廣仁，同時被逮。有為出都，航海南下，已在「重慶」舟中。上海關道，以邏卒伺於太古公司埠頭，將俟其至而執之。及舟近吳淞，英國兵艦阻其行。隨有兵官乘舠緣梯而上，以圖象詢得有為，挾至香港。有為曾以事之始末，告諸港官，載於西報，謂其幸脫法網，為威爾斯籍教士李提摩太之力。改名更生，蓋以此云。太后怒外人為逋逃主，義和拳滅洋邪說乘之而起，無識之徒群起附會，遂有庚子之變。

康有為命唐才常謀據武昌

有為亡命南洋島中，遊說僑民，集資立保皇黨。八國聯軍事起，徵李相入京議和，行至滬，得有為書，勸清君側，逐母后。時上海居民十方雜處，恃租界為護符，揚言無忌，為舉國詖辭之所自起。李相偶聞人言及此，輒笑曰：「何今之少年，中毒若是之易也！」蓋至是已微知亂萌矣。

有為旋命唐才常密結會匪游勇，謀據武昌。已而才常及其同黨駢誅於市。雖無成功，然定計在辛亥革命十年以前，不可謂不識時務者也。既敗，以餘資設《時務報》館，欲以言論之力，轉移人心於思亂之一途，積久似有微效。有為死，《清史》本其素志，置諸列傳之末，而論事實，則不然也。

清代學風之流變

國初人解經，引經注之別見者以示其精，而案頭不可少之書，惟《注疏》一部。乾嘉人解經，引經文之他見者以炫其博，而唯一法門，非三代兩漢之書不敢讀。同時之儒者，或專攻小學，或避而考子、史、地理，各有所長。自《經籍纂詁》出，為訓詁之淵海；自《皇清經解》

出，為經典之集林；自敷文閣刊《方輿紀要》，於地志一覽無餘；自廣雅堂輯《史學叢書》，於諸史各家咸備。於是人人可以掇拾，不廢稽古之功。

道、咸而下以及光、宣，學風一變而為鐘鼎、石刻，作矜奇炫異、避熟就生之計。經史大義，置之度外。再變而為宋元舊板本，朽腐夏化為神奇。趨時之士各手一編，求其歧異之處，若國史館之校對官，若書班房之對讀生，不知學問為何事矣。世道愈趨愈劣，至於如此。

等而下之，譯書亦然。海禁開後，士大夫稍稍講求新學，五臺徐松龕譯《瀛寰志略》，無錫薛叔耘作為《續編》，侯官林文忠譯《四洲志》，邵陽魏默深益以歷代史書及明以後島志，鉤稽貫串而為《海國圖志》。其後譯局盛開，京師之同文館，上海之製造局，以及教會附設，如廣學會、益智書局之類，譯出西籍，不下數百種。鴻篇巨製，不乏其人，即天文、地輿、動植物、理化之類，何莫非專門之學。較之近作寥寥短篇，不可同年而語矣。至抄撮之教科書，猶之乎往日高頭講章，不在著述之列，當作別論。

李鴻章一語成讖

南北風氣不同，性情亦異，微特滿、漢不能一家，即畿輔與江浙亦分兩派。同光之際，南皮、高陽、東海、濟寧前後入值樞府，聲氣相應。南皮之弟文襄及定興兩相繼之，均北方之學者。壽州、常熟、嘉定世代久居京師，並不同化，合肥則更無論矣。本朝入關之初，以異族入主中華，其視各省，一視同仁。迨居京已久，漸染北俗，遂親北而疏南。同一書房，常熟無論如何得君，終不若高陽之內外融洽。同一樞府，善化無論如何有權，終不能出慶邸範圍之外。合肥入閣辦事，幾有適從何來，遽集於此之狀。

日戰以後，威望大損，區區譯署，旋即屏出。若非商務大臣之命移督兩粵，拳匪之禍必不能免，其能以功名終者，天也。當戊戌之變，禮部六堂，同時奪職，朝貴洶懼，咸慮自及。或言憂亂，聞於合肥。合肥笑曰：「未也。必有紅頂白鬍者見於菜市而亂始作。」未及兩年而至庚子，言事諸臣均遭其禍，而南人為多。仁和相國幾亦不免。袁、許二公被參逮治之日，尚有附片留中，仁和幾得罪，賴榮相力為乞恩，上意解，仁和得幸而免。未幾，奉詔懲辦首禍，留京者俱伏法。合肥非預言先知者，而談言偶中，遂成語讖。

翁同龢失眷獲譴

常熟當國既久，以古大臣自勵，頗不悅於維新異說之驟起，力諍於上前。至稱康有為之才勝臣十倍，正負氣之語。措詞切直，更失帝眷，放歸田里。慈聖重臨朝，憾者摭拾前說，以辭害意，遂獲譴。然慈聖隱痛，在於甲午戰禍之首。一日兩詔，與吳大澂異案同罰，尤見微旨。

翁同龢書法春聯

常熟書法，在石庵、完白之間，於本朝可稱第一。每歲春聯貼出，常有人抄錄，聯皆集句，都人傳誦。茲錄所記憶者如下：最早一聯云：「騏驥思千里，鵪鶉守一枝。」甲申一聯云：「夔龍新治績，鶯燕舊巢痕。」丁酉一聯云：「經濟慚長策，風雲入壯懷。」戊戌一聯云：「南圖捲雲水，北極捧星辰。」都人以常熟門聯作預兆觀，曰：「今年殆有水災。」

袁世凱告密

帝既親政，朝廷大事，慈聖初不與聞。甲午戰役，知其必敗，苟不遽至於亡國，猶忍弗言焉，則下此者可知矣。安維峻奏事，明明離間母子，而如弗聞焉，則等此者可類推已。然維新急進之徒，未能唯所欲為，終不得志。項城至京，譚嗣同往見，人心疑貳，於是有頤和園脅皇太后之風說。未幾，項城果授侍郎，不復受直督節制，說者謂為有因，或奔告直督榮文忠，文忠使折歸，而由慶邸上達，且調聶軍駐津防變。項城過西沽，見戎幕棋布於鐵路側，心知有異，趨詣榮文忠報密。慈聖聞之，即夕還宮，翼日，下臨朝訓政之詔。尋逮治康廣仁、楊深秀、楊銳、劉光第、譚嗣同、林旭諸人，盡反帝變政之所為。本朝垂簾之制遂與國同休。

珍妃之死

魯伯陽以候選道員，特簡上海關道，諭旨自內出，樞府幾無從檢出其名。命下之日，內外大嘩。事聞於深宮，珍、瑾二妃，頗受慈聖申斥，降為貴人。先是，內務府郎中玉桂授四川鹽茶道。召見之日，德宗詢以公事，未能諳悉，降官同知。兩宮受人離間，潛生意見，近於尋隙，蓋自此始。然玉桂以京察一等郎中，外放道府，不出常例之外。事理不明，則旗人通病，非一人之咎。專就以上兩端而論，則魯伯陽案重而玉桂案輕，不待智者而後知也。惟當時帝猶親政，故慈寧宮禁，僅申家法而已，未及朝綱也。及戊戌政變，追憶二妃之過，以文芸閣學士曾授之讀，且與妃兄志銳為友，亦遭波及而加逮治，已近於苛。庚子西狩，崔監竟致珍妃於死地，尤嫌其酷。

楊崇伊自居其功

慈聖三次臨朝之詔，出於帝自請。楊崇伊適有此奏，自居其功，或以勝保為例諷之，不悟。及出為漢中府，逗留不往。延至聯軍入京，文忠議和，崇伊以濟災會務居賢良寺，李文忠日夕見。請自效往西安行在，通政府聲氣。文忠笑謝之而已，亦不置可否也。

譚嗣同之死

康有為以嚴旨促出，宋伯魯以褫職先行，幸免於罪，時案猶未顯也。既而事洩，都中頻傳將有大獄。楊銳、劉光第、譚嗣同、林旭四人，逃出未晚。林旭無家，不欲連累居停主人。譚嗣同以父繼洵在任，嘆曰：「天下豈有無父之國哉！」殊有俠氣。及檻車赴菜市論斬，嗣同大言曰：「官高者獲免，獨歸罪於末秩耶！」參與新政四人，自命宰相之職，至此始露本來面目。

光緒密諭手詔

楊銳、劉光第、譚嗣同、林旭同參新政。上求治過急，太后弗善也。上手詔密諭銳云：「近日朕仰觀聖母意旨，不欲退此老耄昏庸大臣而進英勇通達之人，亦不欲將法盡變。朕豈不知中國積弱不振，非力行新政不可。然此時不惟朕權力所不及，若強行之，朕位且不能保。爾與劉光第、譚嗣同、林旭等詳悉籌議，必如何而後能進用英達，使新政及時舉行，又不致少拂聖意。即具奏，候朕審擇，不勝焦慮之至。」銳等復奏，前列四條，大致冠冕堂皇。末謂古天子有親軍，漢之期門、羽林屯兵、唐之宿衛皆是。今立國之要，在乎強兵，宜身為之先，振起民風云云。嗣為太后所見，妒者讒構其間，指為惡意，銳等以是得罪。宣統初元，銳子慶昶繳手詔於都察院，而原摺殊不可得。當時有人見者，述之如此。康有為未出京時，侯官鄭孝胥被薦入都，召對獻策，練舉國人為兵，使朝內外群臣尚武，請上自習體操，都人謂之「三練」，謂練兵、練官、練皇上也。或疑其內含宮中舉事之微旨，以訛傳訛，遂有圍攻頤和園之說。適於斯際發見銳等請上自攬兵權之奏，其死也宜哉！

李鴻章蔑視康黨

黨人被逮前一日，林旭遇丹徒馬建忠於途，亟下車，密問曰：「公自賢良寺李傅相處來與？曷回車復見傅相，為我乞命？」張樵野侍郎出京之日，上傅相書云：「但得終老邊廷，於願足矣。」李文忠之慈眷優隆，倘為二人掩護，未始不能稍動天聽。惟公恥甲午戰敗，常思晚節自見，豈肯為他人用。移督兩廣，雖承蘇元春交涉失敗之後，以重臣蒞鎮，出自慈聖之意；然都人揣測，中實有捕康密詔。於時希功求進之徒，日奔走於門，要約於公：生得有為者賞若干，獻首級者賞若干，大廷廣眾，言之無諱。嘉定徐協揆曰：「公如得逆首，宜進封侯。」有躁人在側，儳言曰：「或進封公。」公笑曰：「且進封王。」此猶出於戲言。然公常云：「慈聖之憾康、梁，甚於粵中洪、楊，捻中任、張。粵捻為亂，欲得天下，康梁謀逆，欲脅太后。此戰國所云，河內、大梁，及身三者，以身為上也。」公履粵督任後，除盜安民，勤政之聲，頗著中外，於人人心目中之黨案，視之蔑如也。朝旨命掘康先塋，公明知故縱。騏驥伏櫪，志在千里；烈士暮年，壯心未已。於茲益信。

張蔭桓被捕始末

張樵野侍郎被逮之先，曾受虛驚二次。是歲端午日，慈聖召見左翼總兵英年，令傳諭步軍統領崇禮云：「張蔭桓有查辦事件，著先為預備。」英年奉詔，使緹騎先至錫拉胡同待命。崇禮與侍郎善，止之曰：「且候詔下。」於是侍郎家室得免驚擾。是日，慈聖駐蹕頤和園，召見慶邸、剛毅、廖壽豐，皇上侍側。太后問曰：「張蔭桓遇事專擅，彈劾者眾，爾等有所聞否？」慶邸曰：「總理衙門惟蔭桓一人稱能，以此招忌，容或有之。」慈聖怒曰：「若蔭桓死，將如之何？」皆莫敢對。移時，慈聖色稍霽，曰：「予知蔭桓能，所詢者，專擅之跡耳。」慶邸曰：「蔭桓在總理衙門，遇事，有與同官商者、有徑自決者。蔭桓與外人私交往來，行蹤詭秘，局外不得而知。」太后顧謂上曰：「其嚴斥蔭桓，使知警戒。」

翼日，侍郎先至軍機處看參摺，旋與軍機大臣同召入見。侍郎頗陳辯，上諭之退，得免罪。八月，詔捕康有為日，緹騎至錫拉胡同，直入侍郎家，搜尋有為，不獲而去。鄰人不知，咸疑為抄沒。或作謔語曰：「事不過三，殆將及矣。」翼日，捕康黨六人，廖尚書擬旨，兩聖閱畢，久之始下，蓋上意尚躊躇也。是日，慈聖問曰：「伊藤覲見，何以為贈？」上以寶星對。慈聖曰：「務選其精者，令張蔭桓為之」若無其事。又次日，侍郎始拏問至提署，復交刑部治罪。

伊藤博文與戊戌政變

伊藤博文薄高麗統監而不為，觀光大陸，有囊括四海之志，欲吾國聘為輔佐。康有為作奏章，自薦為迎送專使，令李端棻上之，弗許。先是，有為說上開懋勤殿列十坐，以李端棻、徐致靖、宋伯魯、楊深秀、康廣仁、梁啟超、楊銳、劉光第、譚嗣同、林旭為十友，有為言無不聽，則隱然公孤師保自任也。及謀為迎送使而不得，心知有異，奉詔督促出京，幸免於禍。伊藤旋去。戊戌之事，因敗於日本而然，當時首禍之人，皆欲以日本為法。伊藤欣然而來，廢然而去，政變於是乎畢。

獄吏索費甚巨

葉曙卿軍門逮入都、張樵野侍郎出戍，皆房縣知縣曹景郕任解役。獄中住屋為鄰，飲食起居均甚安適，惟需費甚巨。侍郎廣籍，且沾洋氣，吏望尤奢，一日之中，索至一萬以外。侍郎無已，求教於軍門。軍門曰：「余入獄，日實用六千四百金。」吏曰：「君數本八千，以二八折扣，減至此耳。」獄吏尊嚴，二人皆嗟嘆不已。

張蔭桓攬權跋扈

張樵野侍郎久為李文忠之門生下吏，外簡公使，內擢卿貳，皆文忠之力。侍郎以吏員出身，而吐屬風雅，亞於詞林，臨事明敏，鄰邦人士咸樂為歡，兼權譯署，居高而愈見才，歲久而益習事，都人共仰。及文忠入署，相形之下，既尊且親。侍郎攬權有年，不能復讓，遇事把持。文忠或有未允，輒曰：「吾師過矣。」旋令所司，如其意旨而行，竟不之顧，文忠無如之何。吾鄉吳蕙吟侍郎同在署中，名位相埒。偶批一稿，侍郎見之，大咤曰：「誤矣，誤矣！」吳侍郎為毀所批而後已。戊戌政變，先以英國借款，受臺諫攻擊，幾至籍沒。慈聖聽政，與康黨諸人同捕入獄，嗣以查無實據，幸免駢戮。然侍郎為德宗親臣，曾有進呈洋貨一單，為慈聖所見，終不慊意。遣戍新疆，瀕行之時，上書文忠，乞哀求救，蓋悔之晚矣。

孫家鼐請罷官

本朝舊制，六部滿、漢各六尚書、十二侍郎，一部六堂，常有大學士管部為七堂。雖云位尊為上，仍視乎其人而已。薛雲階、趙展如、沈子敦為刑部侍郎時，即主部政。常熟久綰財權，甲午之後，慈眷大替，不得不屈於麟相。孫文正素性嚴正，戊戌變法，時有獻替。及慈聖聽政，讒者以公曾進《校邠廬抗議》一書，遂有官制之改革，摭拾書中節目，上達天聽。慈聖聞之，微慍云：「不意孫家鼐亦附和。」外間揣測，以為公將得罪。是時公為吏部尚書，兼管順天府尹。東海徐相，以大學士管吏部，恆藉故排擠。公上疏乞罷，溫詔慰留，再請乃允。李文忠戲曰：「請罷官而反得獎諭，吾亦胡不可以為此請也。」然徐相竟以庇匪得罪以死，公復出，仍綰銓政。天道好還如此。

岑春煊調陝西

孫文正請以《校邠廬抗議》發各衙門閱看，擇要施行。岑西林時未得志，將上條奏。望江余壽平中丞方為侍御，與西林交密，薦張鳳梧為之擬草。鳳梧者，堅白制府之初字也。拉雜成八款，西林欲足成十，問壽平。壽平曰：「得當而已，八與十何別？」既上，以改官制一條，合乎馮氏《抗議》，制曰「可」，西林以裁缺京堂得簡粵藩，此疏之力也。未幾，慈聖臨朝，制度復舊，談新政者皆得罪，孫相且以馮書引嫌去官。西林以中興勳舊後裔，仍得調陝西，鳳梧從行，改字堅白，二人遇合甚奇。

榮祿與張百熙請罪

戊戌黨禍，李端棻、陳寶箴、徐致靖濫保匪人，皆獲嚴譴。長白榮文忠曾保陳寶箴，長沙張文達亦曾保譚嗣同，各自請罪，先後交部議。吏部將兩案同日上奏，時文忠極蒙主眷，文達因緣，獲以一並減等。

慈禧曾電召劉秉璋

戊戌秋，茲聖曾有電旨，召先臣入都，以疾不能赴。未幾，宗室貽穀，以長白榮相國之命，來曰：「上意向用甚殷，能以私詢勉一行否？」余辭不敢言，既而悔之。以父執中李文忠、孫文正、嘉定徐相國，皆至戚也，未以情告而自專，可乎？次年拳亂作，遂不復出。

李鴻章重舊誼

文莊電奏未至之時，文忠曾力勸之來，且預為計畫，將到京事宜，先至宮門請安。又為訪樞臣，問請安召見後，如何待之。皆云：「上意可知，或先賞還原銜翎枝，以待後命。」時文忠已老，猶為此奔走不遑，可見舊誼之厚。

迎接亨利親王之禮

德藩亨利親王來遊，非聘也。西法可以禮，可以不禮之。宜如親王例，與國君相為賓主，輿衛用帝制。在中國為前所未有，《會典》不載。樞垣、譯署聚議，久之乃定。使慶邸、禮邸迎於郊外，載以黃韁綠轎。覲見時，太后坐，上侍側，德藩三折腰，弗答。宴之於樂壽堂。宴畢遊園，上往相遇，以示答禮，乃曠典也。外人意猶不滿。庚子和約成，外邦大使，均待以敵體，漸染西俗矣。

榮祿與剛毅有隙

剛毅為蘇撫，以清剛著。初與榮相比，專排常熟。政務處設於甲午之後，三人皆在焉。偶因議事不協，榮相怒曰：「公奏上，治榮祿罪，所不敢辭。」常熟雖受聖眷，而絀於慈寧，避弗與校，乃已。及太后復垂簾聽政，常熟已去位，榮、剛勢均力敵，各不相下，因是有隙。一日，剛毅薦龍殿揚之材勇，上問如何，對曰：「若昔之黃天霸。」上知其未學，滿人本不以文重，弗之責也。既退，榮相哂曰：「公以龍殿揚喻黃天霸，公得毋以施世綸自命乎？」世綸在當日，誠為喧赫，而今日伶人演劇，則以下等戲角充數。相與一笑，而罷。

榮祿練兵，剛毅籌餉

榮祿、剛毅同時在樞府。榮祿簡為武衛軍帥，宋慶、聶士成、袁世凱、董福祥各師隸焉。剛毅奉使兩江、兩廣，清查外銷各款，悉使報部，供給軍用。京師為之語曰：「榮祿練兵，剛毅籌餉。」猶是外人揣測之詞。兩相同直，勢不相下，特假寵命，以出剛相於外。兩江方畢，兩廣電旨即下，兩廣事竣，剛相拜表即還，亦知遲則有變也。

廬江賢令被彈劾落職

近年，吾邑賢令，以楊霈霖、張琴為最。霈霖日巡於鄉，凡溝洫之淺者，督令掘深；道路不平，責其修治。民不從命，霈霖復往過，即予鞭扑。捕務嚴厲，一盜就獲，輒施五木鞫實，窮治黨與，以故賊盜絕跡，四境安然。琴葺治書院，勸誘諸生，講求實學。二公皆得罪邑紳，賄買御史，毛舉細故，彈劾落職。御史風聞言事，本武后制度，流弊如此。

蘇之春揮金如土

蘇元春，湘軍舊將，所謂依草附木，因人成事者也。當時帥節握於文人之手，曾、胡、李、左皆以科第中人躬親師旅，武功多有可觀。於是武人好文，寖成風氣。豫軍之張勤果、淮軍之吳武壯，結交詞人墨客，頗受虛譽，而能得溢美之辭。湘軍之鮑忠壯，英雄末路，李文忠公函稿言其欲為總督，皆是類也。元春行輩較後，模仿前輩，不遺餘力。光緒乙亥入朝，京朝官中，鄉寅世戚，均有贈貽。揮金如土，至於不能自給，時人稱為「叫化孟嘗君」。元春已奉淮徐練兵之命，未幾，與法人交涉失利，言路糾參，遂敗。

立大阿哥

光緒己亥十二月己酉，詔立多羅端郡王載漪之子溥儁為大阿哥，承繼穆宗毅皇帝。下詔之日，召見朝臣於文華殿，六部、九卿咸與焉。諸臣畢入，太后先言曰：「皇帝有旨。」帝乃出詔書於袖，樞府領班、禮親王世鐸捧之而下。其時惟一二要人知其事，餘者默默而已。既出，群趨禮邸就觀，隨班者眾，秩次頗亂。徐小雲侍郎取詔書於禮邸之手，朗誦一過，聞者咸悉，乃散。

近支入嗣其父當政誤國

古今中外各國，子立為帝，而本生父以天倫之愛引入政治之中者，自醇賢王為始。王當國十餘年，所設施者有三大政：增加旗餉，以固本也；興辦園工，以希寵也；大練海軍，以強國也。李文忠特為致書各省督撫，脅取土木之資，而猶不足，則盡移海軍經費而用之。戶部希旨，奏定光緒十四年之後不購軍械。七年而至甲午，日本開釁，戰艦巨彈僅存三枚，不得已而用其較小者。大東溝戰役，情見勢絀，距醇邸之薨，已四年矣。後十餘年，端邸子立為大阿哥，參預朝政，引用拳匪，欲一舉而蕩平八國，釀成大禍。又十餘年，醇邸子立為帝，獲封攝政王，儼然人主之位，遂傾其宗。光、宣兩帝，皆以近支入嗣，懲宋明之失，諱言尊崇所生，而假以政柄，其弊抑又甚焉。

晚清之理學名儒

大阿哥立，次年元旦，大高殿、奉先殿俱代帝行禮。豫錫之都統，時主講會輔堂、出試題云：「使之主祭而百神享之。」其弟子某，主講通州書院，同時出試題云：「反覆之而不聽則易位。」皆有弦外之音。都統講學，高陽、東海欽服，甚至兩相科第遠在其前，書札往來，輒自稱

「後學」，傾倒如此。本朝理學名儒，都統為最後一人，受其感化，只北方學者，且在高位居旗籍者為多。故建儲之策，與有力焉。

李鴻章得方龍補服

同光以來，每逢慶典，李文忠常得異數。紫韁、三眼翎，本朝賜近支八分公，以當古之九錫，人臣所不能有。然其後繼之者，實繁有徒。光緒中葉，內廷行走諸君，全用紫韁。東海、徐相，以宏德殿照料之勞，膺三眼花翎之懋賞，幾於不甚愛惜之物。德宗三旬慶典，文忠得方龍補服，出於《會典》之外。嗣政府中人出，言其故，乃知軍機處開出群臣之名，德宗注簡便文字於下，如花翎則書一「翎」字，雙眼、三眼花翎則書「雙眼翎」、「三眼翎」，議敘則書一「敘」字，從優議敘，則書「優敘」，團龍補服，則書「龍補」，俾軍機大臣持出擬旨。文忠下為「龍補」二字，擬旨者巧立名目，增飾而為方龍補服，遂為創典。文忠謝恩摺曰：「在微臣特拜新恩，在他日將成舊典。」于晦若侍郎筆也。

親王執政之制

舊制親王無執政者，成親王在樞府，本是特例。自太后臨朝，以懿親為輔，恭、禮兩邸，相繼為樞府領班，始成為故事。然光緒十二年，訓政期內，禮邸自請開去軍機差使，以符定制。其後二年，德宗親政，禮邸又辭出樞符，請復舊制。雖溫旨慰留，仍於舊制未敢擅更，輒委之數年以後。及慶邸入直，終於清世，沿以為例。

五大臣非死於直諫

拳匪初起，稍識事理者，計日能待其亡，矧徐筱雲、許竹篔、立豫甫三侍郎，袁爽秋、聯仙蘅二京卿，素稱通達者乎！惟本朝自世祖以下，聖主明君相繼在位，過於漢高、惠、文、景、武、宣，一時臣下，奔走之材多，輔弼之佐少，相沿成俗，面折廷諍，竟無人焉。筱雲、竹篔、爽秋三人，疏遠外臣；豫甫本姓楊，漢軍旗人；仙蘅為莊王包衣，滿洲之俗，見上自稱奴才；豈敢違旨，焉有犯顏強諫之事。其奏稿為鈔報所未載，其詞語為廷臣所未聞，反令外人不平，代為請恤者。蓋五人早知必敗，平時當有不謹之言，拂首禍之意。召對之下，不能隨眾附和，致違上旨，事誠有之，理亦宜然。倘云直諫而死，是未知清朝之臣下對上制也。

聯元之死

聯仙蘅閣學，崔佳氏包衣，旗也。包衣為清初奴虜，子子孫孫不能脫其籍，旗主愈貴愈貧，愈受其虐。閣學隸莊王府，由詞林出任府道，入參譯署，本非莊王所喜。庚子之亂，日夜圍攻使館，不克，召廷臣咨詢。對曰：「果犯天下之不韙，殺外交官，他日洋兵入城，肆行報復，恐將雞犬不留。」太后怒曰：「聯元，汝何言耶？我老婦胡畏！」莊王奏請歸邸懲治，遂棄市。

王文韶免死

許、袁棄市，從端王之請也。原詔附片辭連仁和，以慈眷素優，留中不發。詔下，仁和詫問：「附片何在？」長白曰：「公毋多問矣。」仁和會意而止。事後，樞府中人，咸謂仁和素機警，而此際忽茫昧，蓋近於懵懂運中，不知其然而然也。

立山被誅

立豫甫尚書居近西什庫，與天主堂素有往來。拳禍初興，西兵入衛使館，分四十人駐西什庫天主教堂。至市購麥，肆主畏西兵不敢售。教士請於尚書家，為之解說而與之。尚書久典內務府，擢任戶部，歷任優缺，素有富名。在混亂之時，本為流俗所羨妒。緣此，遂謂其通敵，以聞於上而誅之。

義和團蔓延至北京

匪勢蔓延，始僅在外府州縣，以為嘗試，既而王、貝勒引至府內演習，其事遂不可為。京師之中，輦轂重地，無論何處，匪徒指為隱藏洋貨，即舉火焚毀，無人敢阻。未幾，神壇遍布於九門，且有差役，時出逮捕。鞫問之法：每擒一人至，焚符上告於天，紙灰上升則釋之，否則視為有罪。為之首者自稱大師兄，亦天父、天兄之亞也。攻使館及教堂，不克。使館環列於東交民巷。教堂在康熙年間奉旨敕建，於光緒初年，由西安門內蠶池口移於西什庫。李文忠商之天主教士，請於羅馬教皇，多次始允。其事始末案卷，附載於《集》中。至是，匪徒公然出示，改東交民巷為殺洋雞鳴街，改西什庫為殺鬼巷。鄙俗幾不可耐。諸王公貝勒信以為實，其才識已可想見。

孫家鼐宅被劫

巷戰既開，武衛中軍乘勢行劫。兵半旗籍，幾不知世情。時孫文正公退職閒居，盜入門，聞主人姓名，逡巡不敢遽進，曰：「中堂在衙門耶？抑在家也？」僕對曰：「中堂已罷官。」盜不俟言畢而遽入，盡奪取所有而遁。事過，文正笑語人曰：「京師賊匪猶畏法禁，詢知勢位去而後敢動。余乞骸骨且年餘，若輩殊不之悉，何其昧於外事之甚也。」

羅榮光身死大沽

甲午之後，外人皆謂吾國人不宜於武事，故不任戰。彼以為人各有能有不能，無足異也。庚子釁起，羅榮光守大沽炮臺。敵艦大至，彼眾我寡，榮光力戰拒之，卒以兵無後繼，奮鬥以死。同時，聶功亭、馬景三兩軍守津，與聯軍遇，雖敗，頗有殺傷，較諸甲午為優。

拳亂中老湘營之三人

湘軍末造，劉松山老湘營部下尚有三人，於拳亂著稱。曰平江余虎恩。隨吳清卿中丞東征，與曾文正之孫廣鈞同駐軍榆關外。虎恩宴客，廣鈞之營務處，方某與焉。廣鈞責其擅離職守，就執之。虎恩怒曰：「速釋之，不然吾即縛汝。」廣鈞懾而逃。及武衛軍成，虎恩統中軍，經拳亂而罷。曰長沙方友升。張文襄時督鄂，令率師勤王，駐軍直、晉邊界。法兵克保定，出巡遇之，令其退，弗應。法兵徑前搏擊，友升大敗潰走。時岑雲階中丞為晉撫，聞敗告急。李文忠尚不知有戰事也，電奏中責其染軍營習氣，小事報大。未幾法兵退，中丞致電言謝云：「王爺，中堂，信孚中外，造福於西。」云云。於此可見當時全權大臣尊貴無比之形，及臨敵疆臣震懾失次之狀。一曰新喻張春發。仕至廣東提督，從李秉衡引兵入衛，道出任丘、莊平間，攻破教堂兩大所以為功。秉衡師至楊村，遇聯軍，迎戰敗績，春發移雲南提督。為魏午莊制軍論劾遣戍，未幾釋歸。

瓦德西厚顏無恥

瓦德西，德人，而為八國統帥。微論條頓、羅馬、斯拉夫、東亞人種不能一致也，即以法兵論，豈有服從德將之理。雖云各國公認，姑作如是觀而已。《瓦德西日記》譯本記：「初受任使時，自以為莫大榮幸。既至中土，無一國之兵能從其命，徒自矜伐不已。」所謂厚顏無恥之極至者也。猶不知悛，竟使天津稅務司德璀琳向李文忠勸進，文忠曰：「予今年七十有九，明年八十且死。爾觀吾子，有似乎皇帝者耶？」笑而遣之。

瓦德西虛張聲勢

瓦德西有一事為聯軍所稱譽者，厥惟懲辦禍首。當時中外之人，皆以此為先務。值兩宮西狩，慶邸、李相在京，方議和約，莫肯先發。洎乎各國使臣咸以為言，政府迴護前非，不能盡情處治。西安地遠，兵力所不能及。瓦德西購置駱駝百千頭，作西行之勢。議和大臣以聞於行在，乃得所請。

徐桐從後門逃出

徐蔭軒相國繼高陽之後，為守舊黨首領。平生最惡外人，而家居東交民巷之中，近於各國使館，朝夕所經，觸目皆是。每出門入市，輒閉其眼，曰：「山鬼伎倆有限，老僧不見不聞。」無窮西兵入城，扼要為備。將戰前數日，巷口稽察甚嚴，徐相行動，已不得自由。及拳匪縱火，焚崇文門大街藥肆，噪而入東城根，東交民巷、東長安街、御河橋三處，守衛西兵燃槍拒敵，行人不通。徐相前門被塞，乃啟後戶走，向西，繞正陽門逃出。都人嘲之曰：「山鬼小施術，老僧由竇遁矣。」其後聯軍入京，其子承煜勸其自盡而死。此老終身談道學，不意齊家一節，未之能行。

趙舒翹自縊而亡

練拳術能禦火器，紅燈照飛行空中，擲刀殺敵，因而有祖師、聖母，種種神怪。名號皆自戲劇中來，適合愚民心理。端王、瀾公及近支宗室、內廷宮監，其知識適等蚩氓，故氣味相投，一見為之大喜。慈聖臨朝雖久，究為見所未見，三人能令市虎，矧眾證確鑿，寧不能使信為實乎。

當時士夫未嘗不引以為憂，特劫於權勢，不敢不隨聲附和。趙展如尚書奉命查辦歸，人問之曰：「拳民可以成事乎？」曰：「不可。」故懲辦首禍，諭旨謂其奏對尚無失辭，而牽連被罪。

當時政府諸公及議和大臣，頗欲寬其處分；卒為外人所持，不免於禍。詔賜自盡之日，命備鴆酒。尚書體魁偉，其家人因平時慈眷，希冀有恩詔，薄其鴆，屢飲不死。傳詔大臣，久待無以覆命。尚書以皮紙蘸酒，自蒙面而臥，乃氣絕。

毓賢就戮

毓賢處斬，甘督李廷簫奉詔，先懷金往示。毓賢知其意，曰：「我有罪，宜明正典刑，奈何自經溝瀆！」廷簫，老成持重人也，處覆巢之下，聞言悲憤，歸途中，自吞金死。毓賢誅前一夕，書楹貼於門，其首二句「臣殉國，妻子殉臣；我殺人，朝廷殺我」云云。翌晨居民轟傳，頗有蠢動之勢，毓賢急往受戮。甘省地方窵遠，劊子無能手，斬之不死。戈什某曰：「奈何苦吾主。」奪刀剄之，亦自刎。

啟秀被戮

戊戌之歲，啟秀得以內務府大臣掌管鎖鑰，內廷中第一優差也。榮文忠入相，慈眷至隆，仍使總管內務府。乃以啟秀入直樞廷，名位雖高，不免有奪我鳳凰池之感。啟秀顢頇，誤為秉國之鈞，參預朝事，提倡拳匪，與徐承煜同時受顯戮。雖云奉詔，然有外兵監視行刑，亦孔醜矣。

李鴻章與袁世凱

禍首之中，榮相本居前選。李文忠夙與有蘭譜之誼，又知榮相慈眷極隆，非置之西安，政府凡事不易動上聽，故力為維護，不令預於罪人之例。謂其身為將帥，在戰役之中，雖明知其非，而無所退避，措詞猶為得體。項城時為東撫，於榮相未赴行在之先，極意資助其行，又先為之地於其所往，與李文忠相較，可謂英雄所見大略相同。己亥之夏，文忠小恙，聞於山東，或說項城以電問疾。項城曰：「不可，彼且疑我欲得其位。」時項城資望，在疆吏中為最淺，乃作此言，抱負正自不凡。其後文忠疾病，有勸其保繼任之人者。文忠曰：「繼任有人在，我不欲保耳。」此老先見之明，至死亦復不弱。

李鴻章成了畫諾大臣

李文忠功業之盛，宇內共仰。同、光之際，國家與外人有疑難之事，待其一蒞而決，匪惟信義之孚乎中外，抑亦威望之大，足以攝之。高麗之役，我師敗績，公之聲譽，亦稍稍衰矣。倏有拳匪之亂，八國聯軍入都，群情惶懼，公復為全權大臣，入都議約，各使意見已不一致，其本國又有輿論參加，自瓦德西而下，八國兵官均需干預，故情形極為復雜，每一條例，皆幾經商酌而後定。及全文錄出，示意吾國，其言曰：「但得諭旨照准，現時撤兵，節令正好。若交炎暑，便不能行，須遲至九十月以後，遲一日，則多費百萬，秋後須多一百餘兆」云。公為代奏，奉旨俞允。建德周玉山制軍時為直隸布政使，嘆曰：「誰為全權大臣者？直晝諾大臣而已。」

醇親王赴德謝罪

公法惟行於勢均力敵之國，弱小之於強大，不適用也。拳亂中，德使克林德被害。德主命將出師，攻入我國都城，要求懲治禍首，脅取逾額賠款。猶以為未足，必須皇帝母弟醇王，親赴彼都謝罪，可謂法外行凶。醇邸抵柏林，德主強其行一跪三叩之禮，醇邸以電請命，政府無如何，勖以善體上意而已。西俗以跪拜為背教，受人跪拜亦如之，德國輿論大不謂然。外部密戒吾國使臣，力拒不允，仍行三鞠躬之禮，幸未辱命。德之於醇邸，奚啻回紇之於唐德宗。然德宗即位，銜回紇終身；醇邸攝政，無惡於德。甚矣，古今人度量相去之遠也。

庚子賠款之終

庚子賠款最難堪者，美外部估算，不過三萬一千萬，倡議各國減數。我利用此說，與各使竭力商酌，均不允。會德穆使密告文忠云：「美兵少，且早撤，故允減數。他國斷不能比，遲則匪特不減，且有加焉。」文忠懼，因奏言美國借此討好，並無實在把握，乞速准行。奏入，制曰「可」，四萬五千萬之議乃定。美外部既有此說，議院以浮收賠款為恥，將以返諸中國，而不知何途之從。伍秩庸侍郎使美，因以為功，與訂專約，以此為中國學生赴美學費。歐戰事起，德、奧、俄三國失所依據，賠款均得免。英、法、日、意不能獨存，亦自動停止。於是，或以文化為名，或言水利，紛紛然自行處置。大率彼國人得此機會，遂設一機關，引吾國數人為之助，以示兩國人民之意。吾國之國計民生，則置之度外。而美國外部海大臣之善意義舉，遂無實惠及於中土，僅成為一種史冊上過去之事實而已。

李鴻章不信歐美人有良心

當美人倡此議時，洋顧問畢格德以告李文忠。文忠以為有此說，不必有是事，心意本不深信，故穆使一言，即能動聽。此老經事多，知空言無補之習，中外之人同有此弊，不知各國浮報需索，逞憤於拳亂之後，雖有加重之罰，而國人不以為不端。及時過境遷，殺人越貨之行，究有慚德。不特倡議之人棄不肯取，其餘諸國，一經道破，不得不與之俱化矣。南海張樵野侍郎，曾以李相外交之策為愚不可及。公豈真愚者，特前輩忠厚，不以尖酸刻薄之心待人而已。豈意減數一舉，屬於良心，文忠不信歐美人之有良心，殆倔強猶昔之故與。

弱國之臣橫死亦宜

我約屢議不就，楊儒日受逼迫，甚或取視電旨，是不特在包圍中，且在監視中矣。未幾，楊儒跌傷，旋中風死，其子以身殉，頗有疑案。然弱國之臣，人為刀俎，我為魚肉，即橫死亦宜。

瞿鴻禨任樞臣兼外部

善化瞿止庵相國之尊人，與先文莊、王文勤、卞制軍頌臣，俱於咸豐辛亥科鄉舉。止庵少年科第，久綰文衡，素見知於尊長，制軍曾保其才。歷官浙江、四川，提督、學政，皆在文莊任內。欽重逾恆，迭經密保，然外省督撫，於京朝清貴之官，無能為力也。其參樞府，由於王文勤之薦，前輩於故人之子，重之如此。止庵體類穆宗，為高陽、李文正所取士，文正亦賞識之。止庵著《恩遇紀略》，卷首即載召見時事：太后云：「從前李鴻藻說你好，現在他們也說你好。」原注云：「『他們』指榮文忠云，以余所聞，蓋文勤也。止庵被召至行在，命下之日，都人咸知其將兼樞、譯兩席。其時八國和約，要求樞臣兼外部，以免隔閡。時政府樞臣三人：榮文忠名列罪魁，幸而獲免，自無此望；王相、鹿尚書均兩耳重聽，未可貽笑外人。固知非年力富強者，未可以對外，而止庵之當選，不待面聖而都人早料及矣。

瞿鴻禨與張百熙

止庵與長沙張文達生同里閈，同案入泮，同科舉乙榜。其成進士、入詞林，則止庵較早一科。久居京師為同縣、同鄉、同學、同年，相好。殆無有居其右者。庚子之歲，先後被召至行在。距西安一日之程，相遇於城外野店，共投宿焉。二公久別相逢，訴說衷曲，欣喜不可言喻，明知回鑾之後，銳意新政、中興輔佐，非異人任，抱負尤為不凡。文達謂止庵曰：「吾二人之交，自幼至今，殆天緣湊合，非人力所能為也。今茲樞府求才，正虛席以待吾輩。明日入覲，使我獲參機務，當薦公為江督；公若當國，何以處我？」止庵曰：「苟幸得贊樞府，則江督乃君之位也。」既而皆曰：「對燈立誓：苟渝此盟，明神殛之。」二公雖一時戲言，足見京朝清要之官，猶不知樞臣地位。其後止庵當國，殊無力以報文達。文達不得志，輒舉以告人，且曰：「今總督無望，即巡撫亦不可得矣。」文達旋與項城締姻，適中止庵之忌，交益疏遠，神離貌合，竟抑鬱以終。止庵臨喪哭之痛，蓋有不能言喻之隱也。

李鴻章配享擱置

定興鹿文端拙於言論，內調樞廷，耳已重聽，尤不能有所建白。然有時一語雋永，為福不足，為害有餘。李文忠薨，聞於西安行在，兩宮震悼，詔加優恤，已將侑食太廟。樞臣出擬懿旨，定興突問曰：「祀於何處？」時議配享文宗，則咸豐朝文忠方仕，未立功勳。配享穆宗，中興勳業不乏其人，未可顯分厚薄；配享德宗，其時上年正富，則懿旨之中，不易措詞。因而擱置。

卷四

瞿鴻禨與袁世凱不結蘭譜

慶邸當國，項城遙執朝權，與政府沆瀣一氣，所不能達者，惟善化瞿相一人。顧雅蘧侍御慨然以疏通自任，令善化、項城結為異姓兄弟。先以項城命，請於善化。善化以生平未有蘭譜辭，而語東海徐相，請婉為之復。項城聞之曰：「善化視學河南，吾弟取為生員，吾何敢然。」未幾，侍御以細故，退出察院，僉以為詆也。

科甲以末等為樂

道光乙未以後，進士用庶吉士留館，日漸其多。仕途擁滯，常有二十年始開坊者，翰苑中人頗以為苦。而庶吉士三年散館，以寬大之政，無有以知縣歸班者，雖在榜末，亦得知縣，分省即用。本朝官制，至光緒末年而稍稍雜矣。居高位者，仍以科甲為多。庶常改官，無論何處，輒生愛士憐貧之感，在猥濫仕途中，尤有鶴立雞群之象，長官一見，必加青眼。若似乎既成進士，縱有殺人之罪，抑亦可以末減也者。於是務財好利之士，散館之時，咸以末等為樂趨、為捷徑，往往故為小疵，以冀名次落後。既而，謀出是途者日多，供不應求，愈逼愈緊，甚至文理不通，詩句出韻，以及一切犯規違例，污卷曳白之事，無所不為。此亦世風日下之證也。

俄使維德之強項

日俄戰後，和約於日本無利，夫人而知之矣。當時俄使維德之強項，殊非吾國之比。維德一聞日本使小村壽太郎有需索之意，立與之絕，且曰：「俟汝兵至彼得堡，再作此請未晚也。汝今乃以戰勝國自居耶？」小村壽太郎曰：「然則孰為戰勝國？」維德曰：「無之。惟其無戰敗國，是以無戰勝國。」小村竟無如之何。

北洋陸軍三鎮統

癸卯日俄之役，項城厲兵秣馬，名為中立，陰以助日。是時，北洋陸軍為三鎮，鎮統三人，曰段祺瑞、曰段芝貴、曰王士珍。或問將才，曰：「段祺瑞如何？」曰：「狀貌善也。平時無多語，氣度亦不惡。但腦經單簡，辨別事理之功，未必精密。」問段芝貴。曰：「奔走疏附而已。」問王士珍。曰：「為人精細，處事有條理。然不可以為大將，帥一鎮以出，其不能馭矣。」

瞿鴻禨慫恿昭雪川案

善化於先文莊始終契合，每見親友，必問起居，且聳恿求教合肥相國，昭雪川案。初以為寒暄而已，及秉政，示意於江督建德周公。具述文莊清風亮節，內外共知，得重臣一言，宜可開復。建德以措辭為難，擬助賑捐二千兩，較易著筆。往復通函中，而文莊即世。建德請恤疏云：「功業與劉銘傳相等，而任事勇直，持躬廉介，則又過之。」疏上之日，家式甫適在軍機處值班，善化命查壯肅舊案，持以上。定興鹿相見之，曰：「否，否。廢員焉可比擬。」式甫對曰：「教案非上意也。」蒙古榮相曰：「曷不查潘鼎新案？」式甫曰：「此失守鎮南關處分，非其倫也。」及恩詔下，定興猶向善化哂曰：「乃君之姻也。」其後，善化謂人曰：「滋軒以南北派別不協，華卿之妻叔，需次在川而不得志，遷怒於督臣，致有違言，則難乎為疆吏矣。」

晚清之官制改革

光緒三十二年，立憲法，改官制，設外務、吏、禮、學、法、度支、陸軍、農工商、民政、郵傳、理藩十一部。漢尚書五人：外務部瞿鴻禨、吏部鹿傳霖、法部戴鴻慈、民政部徐世昌、郵傳部張百熙也。三十三年，徐世昌出任東三省總督。時在楊翠喜案之後，慶邸以父子在朝，嫌招忌，姑令載振退移度支部尚書。溥頲繼任農工商，以鎮國公載澤掌度支，肅親王善耆掌民政，使宗親分潤，以自謝過。而漢尚書缺，無形中遂去其一，由五人而減為四人。宣統初元，郵傳部陳璧以罪免，載洵欲代之而未得，幾鬨於王前。載濤、溥倫、毓朗輩亦逐逐思逞。或為之謀曰：「今漢尚書四人，盡去之，無以服人，曷若圖諸滿缺？」未幾，農工商部尚書溥頲、禮部尚書溥良次第外簡。三年，內閣成立，設大臣十人：外務梁敦彥、度支載澤、陸軍蔭昌、海軍載洵、民政善耆、司法紹昌、學務唐景崇、農工商溥倫、郵傳盛宣懷、理藩壽耆，王公四人，宗室一人，覺羅一人，滿一人，漢三人，而蒙古漢軍尚不與焉。光緒之末，京師諺云：「近支排宗室，宗室排滿，滿排漢。」至是益信。

戶部各司之變遷

通商以前，戶部以山東司管鹽，雲南司管漕，廣西司管錢法，貴州司管關。既為利藪所在，遂稱鹽、漕、錢、關四大司。咸豐軍興，漕糧罕至，滇銅久絕，關稅為洋關所奪，於是滇、黔、桂俱降為小司，而號福建、山、陝為三大司。山者山東，陝者陝西。陝西兼轄甘肅及新疆，且管宗室及京官文武俸祿，各衙門錢糧，各路茶引也。福建以兼管順天、直隸錢糧也。江浙既平，漕運稍興，雲南司官吏復勃然起，於是稱山、陝、雲、福四大司。丙午立憲，盡改官制，戶部改度支部，以賦稅名目分司，而舊法蕩然矣。

端方被遞職

陶齋制府自考察政治歸，氣概之盛，不可以一世，視政府諸公蔑如也。謂善化曰：「公宜專心於政府，舉我為外部尚書以自代。」善化笑而謝之。授兩江總督，諭「迅即就任」。或問其行期，則對曰：「余必遵諭旨中一『迅』字。」其實不然。慈聖春秋高，當國久，惟其言而莫之敢違，自天子至於群臣，均以其一人之愛憎為榮辱，視其一時之喜怒為進止。陶齋恃有內援，故不欲外值。憲法議起，與項城同在都城，會定官制，互相標榜，正當有為之際，何肯輕於離京。值言路彈章，相繼不絕，項城既絀，陶齋始敗興而去。

宣統初元，調補直隸總督，入覲過天津，語署任那相曰：「吾舉子以自代，何如？」那相知其意，笑曰：「公入政府長外部，余得以北洋大臣將養病軀，稽首謝矣。」時人言籍籍，謂其將入樞府者甚眾，至京見世相。世相徑告之曰：「無稽之談，不可聽，公速赴任可耳。」乃大沮喪。既而怒政府之不己援，獻策攝政王：廣開幕府，招致賢才，朝夕與處，陰以奪樞臣之權。慶邸輩怨之益甚。照像案發，交部議處。陶齋與總管太監小張德本為舊友，適同在東陵差，因有前事，屈意相求，至於長跪。為濤貝勒所見，又乞哀請為緩頰。以為布置周妥，在議處中，仍請訓出京，若無所事。吏部即於是日奏上，請予褫職。攝政王尚無惡於彼，頗欲全之，問諸樞臣，莫有為之言者。王猶豫良久，曰：「隆裕太后怒之甚，謂孝欽皇太后若在，誰敢然者！直令人不敢置對。」卒從部議。

袁世凱擅結慶親王

兩宮西狩，岑雲階制府為陝布政，以師勤王，扈蹕入陝。至山林險阻輒下騎，身衛鑾輿以行；夕則披裘，臥於行宮外舍。慈眷頗隆，擢撫山西，移督兩廣，朝廷倚之以鎮南服。拳匪之亂，兩宮倉卒啟蹕，長白榮文忠猝不及扈從。慈聖於途中，見武衛軍潰狀，怒曰：「恨行時未殺榮祿。」項城時為東撫，於亂軍中，跡文忠所在，資助以往西安，且百計經營，為解深宮之慍。及文忠秉政，項城任直督，內外允協。

文忠卒，慶邸代之。時慈聖春秋高，忞為娛樂，好貢獻。慶邸宗支稍遠，恃其孀女四格格者供奉內廷，以固其寵。歲費巨億，竭其祿俸所入，兼廣納貨賄，猶乏於用。項城乘間與之交結，月有貢品至京，珍寶奇巧盈於慈寧，宮門內外咸受導行錢。譽聲日起，朝廷大政咨而後行，任用之專，比於往日勳舊。項城大練六軍，取朝旨使各省助餉。攘招商、電報兩局於武進盛侍郎之手，以利交通。收永平七屬鹽利於官設天津銀號，試行公債，以通有無。挾勢斂財，因財助勢，名震中外。時樞府六人：自慶邸而下，定興、善化皆先進，蒙古榮尚書入樞廷得項城力，長白鐵尚書以練兵處舊屬而躋顯貴，慮變常有同異，東海徐尚書舊為項城掾，因汲引以升。諸公畏人言，亦稍自別。

時北洋威力日逼，樞臣無能與抗。疆吏中，惟西林在粵有重望，與項城埒。粵中多盜，治以重典。彈劾不職，動輒數十人之多，人人畏懼。粵海關書吏周某賂慶邸得使節，立捕治置法，同時拜疏，請重樞臣之祿以愧之。時慶、袁相比，惟憂西林為梗。政府諸公，處覆巢之下轉危為安，亦惟西林是冀。臨桂于晦若侍郎入都議憲政，見善化以意私焉。善化欣然從之。西林以密電書本為贈，二人之交自此始。會議憲政，輿情不協，南城言路彈章，相繼不絕，項城稍絀。官制改革之後，樞廷惟留慶邸、善化二人，項城見之，益有協以謀我之懼，自請開去八項差使。居恆不樂，經冬足不下樓，亦不見客。時東三省事益迫，楊杏城侍郎說之往東，項城心頗動。適慶邸疾，求醫於北洋，項城使段香巖統制偕醫往，日伺於邸側。於是慶、袁交益加密。項城意變，西林雖至，無能為矣。

戴振納楊翠喜案

趙爾巽為東督，攝乎日俄之間，無所措手，自訴於朝，請簡重臣，巡視邊境。詔使振貝子暨東海徐尚書往。及歸過津，見項城。項城先宴兩使於中州會館，循舊例，殊無足觀。道府而下，繼設宴款待諸隨員，仍於中州會館，筵席、戲曲均後來居上。主賓正歡樂間，忽有不速之客三人來，望之，項城當先，次東海，次振貝子，主人中之段芝貴招待入席。俄頃間，女伶楊翠喜出演，備極妖冶，合坐為之注目，而貝子心曠神怡，不覺手為之拍板。旬日之間，翠喜不出演，京津轟傳已嫁某貴人矣。又久之，東海受命為東三省總督，段芝貴署黑龍江巡撫。近代以來，道員擢任封疆者，殊不多見，頗疑為賄得。未幾，翠喜之事漸聞於外，乃知以色進也。

先是，西林以粵漢鐵路事操切，幾激大變，移督四川。請覲不許，至滬，托病逗留，久不赴任。聞朝中多故，聲言之蜀。及潯，舍舟登陸，作匡廬之遊，即於其間具疏請覲，由鐵路疾趨至京。時監察御史趙啟霖、趙秉麟、江春霖者，以敢諫著稱，夙標清流之目，皆協以謀當軸。聞西林至，啟霖迎至保定。計議既定，西林宮門請安。初次召見，即調補郵傳部尚書，留京內用。連日奏對，盡發慶、振父子之覆，啟霖旋揭奏翠喜事。慈聖乃嚴責慶邸納賄，內閣侍讀潤泰因事過乾清宮，遠聞御音悲厲，蓋幾於垂涕泣而道之矣。及翠喜案上，慈意滋為不悅，命醇王及壽州孫相查辦。凡依草附木者，有冰山將倒之勢。

項城在津，聞報大驚；立召楊以德至，令於一日夜，出翠喜於慶邸。以德素有幹才，遂至京，以騾車挾翠喜出城。是夜行百里，至黃村，乘次日京奉車至津。項城先使人利誘勢怵鹽商王竹賢，令自承為翠喜夫婿，遂以予之，贓證於是乎滅跡。時長白世伯軒相國，在滿人中素著忠悃，而與慶近。且都中輿情，以為袁絀而岑用，一也，徒苦老慶，於滿人無利。適慈聖往淀園，過萬壽寺稍憩，召世相獨對。世相殊不為左右袒，微露慶、岑夙有嫌怨，慈意稍微之解。四格格更朝夕為其父兄泣陳冤屈，且曰：「奴豢於母家，雖一履一襪，皆兄予資，今復何恃？」四格格為慈寧弄物，尤動上聽。查辦大臣醇邸、孫相，重臣也，諸王府第聲息相通，豈有不知振貝子納妓之事。

奉詔之日，王指詔末「水落石出」四字，語孫相曰：「聖意在此。」既見世相，世相曰：「此何事也，而可輕發語耶！王年幼，諸事宜諉諸壽州，庶慎已免咎。」孫相之年事老矣，畢世在京，久直毓慶宮，於宮庭知之頗悉。戊戌之歲，曾以進呈《校邠廬抗議》一書，幾被其禍，旋乞骸骨。洎兩宮西狩，獻易位計者均得罪，慈聖漸悟其離間，待上稍寬，復召用孫相。回鑾以後，以慶、袁相比，梗於其中，兩宮意見未全泯也。袁、岑爭權，群矢集於慶、振父子，至揭其狎褻之罪。慈聖命上母弟及師傅往察其情，悔禍之意益顯。然聞孫相曰：「政局視吾一舉足為重輕，此外人無知之言也。吾一言一動，影響皇上安危甚巨，每念及，戰戰兢兢之不暇，豈敢稍涉疏忽。今日之事，懲治慶邸，圈禁其子，愽輿論之歡欣鼓舞，固自易易。然慶邸，親臣也，非常熟比，無辭可令出京。遇年節、吉日，遞如意、蒙召見，與在位者同，甚或仍准內廷行走。而四格格朝夕在太后側如故，項城在北洋如故，時時能為慶邸作捲土重來之計。且乘間媒孽吾輩，以去其毒，何以禦之？吾老何足惜，但不能為己市直而為上樹怨。且今之與項城為敵者，未必能制其死命，懼無以持其後。即使得志，亦將順焉矣耳，安見其矢忠於上，勸母以慈，勸子以孝，如古人之所為乎。」當時朝中黨派情勢，孫相之言，洞若觀火焉。嗣派內閣侍讀潤泰往津，調取王竹賢、楊翠喜口供，覆奏查無實據，其事乃畢。京曹通例：部屬文稿，堂上多因仍不改，然部員仰體堂上之意，亦容有之。後二年，孫相查陳雨蒼案，調用隨員，仍內閣侍讀、中書之類，且多查辦楊案之人。而調取各部案卷，互證參稽，一一舉其佐證，毋稍寬貸，乃知翠喜之事，非不能查實，而別有用意也。

袁世凱以兵餉賄賂奕劻

慶邸勢利之交，金錢作用，夫人而知之。託活洛氏陶齋制府，於無意中，與壽州孫文正語，時為慶邸憂貧。言王府費用，每年輒三十餘萬，雖有祿俸養廉，相差甚巨，云：「邸中用度不足，咸知取諸北洋，然究於何項開支，何人過付，無人能測也。」按新軍擴張至六鎮，隸於練兵處，慶邸領之，一切賄賂之妙用，悉具於此。六鎮每月皆有截曠之餉，不下三四萬，項城悉輦以獻慶邸，僅以夾單上陳，如各營官之於統將也。無文件為據，無案牘可稽，知者絕少，故屢經言官指摘，無從查察。自新官制行，直隸省僅二、四兩鎮，餘四鎮悉隸陸軍部，鐵寶臣尚書為政，仍效項城所為。斯時尚書進而項城絀，幾往東三省，蓋有由也。及鳳禹門將軍為四鎮軍統，並操兵餉之權，繼續前事。於是尚書權力日衰，而將軍又襲前人衣缽，焜燿一時。在慶邸初無成見，終始為一利字而已。聞翠喜案中，慈聖面責之曰：「汝為財耳，國亡，財於何有！」大哉王言，惜未能發其聾而振其聵，悲夫！

董遇春酒後狂言

慶邸當國時，京津道上有赫赫紅人曰董柳莊者，名遇春，相傳北洋三口通商大臣門役老董之子，世襲其事，無案可考，莫知其詳也。時遇春甚顯，奔走於勢要之門，善於迎合諸貴人之意。為廣交要路，動以萬計，因之連捐帶保，至直隸省候補道。一時，大僚有以裁缺而反得高位者，有以升任而日進不已者，有不論階級而速化者，有以廢員而破格起用者，皆緣之以進。聞一次納費，多至十數萬，少則數萬，其陸續費用，亦至十數萬、數萬不等。其他萬千以下之數，道府以下之官，更僕難數。遇春以此博得慶邸歡心，愛之重之，在其他親友之上。偶聞遇春言慶府事，較為詳細，特是遇春非讀書人，語無倫次，必以意會之。光緒三十三年，西林馳入京覲見，彈劾慶邸。邸鬱鬱不得志，有慰之者，輒嘆曰：「今關情於余者，惟楊杏城、董柳莊耳。」楊侍郎聞之，赧赧然有愧色，曰：「余與董柳莊等耶？」遇春曾得罪於項城，故雖具此神通，不能得志。相傳項城微時，與遇春約為兄弟，偶值乏時，尚賴其資助。

戊戌八月，項城護理北洋大臣，詔下，遇春方飲於侯家后妓院中。聞有是命，大喜曰：「是我兄也，又嘗假我銀百金。」其隔座中聚飲者，有項城中表劉燕年提軍在焉，以告項城。項城惡其妄言褻威，如陳王之於傭耕故人，銜之甚。至武衛五軍成立保案，聶軍奏保遇春，以直隸州知州候補。項城附片，劾其身家不清，現充號房。「號房」者，即門役也。榮文忠在樞府，面奏號房董某非遇春，袁世凱誤也，附片遂留中。項城益驚嘆其能力之大，不說愈甚，而無如何也。其後項城權重，時扼抑之，使不得進，故遇春落拓如舊。惟怨當時權要曾由彼進身者，既貴之後，不為己援，而不知其終身否運，由於一時酒後之狂言也。

遼東孤客之毅勇

相傳陳友諒敗亡，其客渡海越遼陽，至長白山麓，寓一頭人家。報仇之志久而彌堅，時明運甚盛，無如之何也。客善青烏之術，惟日遊原野，以待事機，暇則察視地脈，聊以自娛而已。居處多年，與主人家庭漸相習。燕俗重義氣，見《五代史・高行周傳》。非惟燕人也，愈北而俗愈古。蓋其地土厚水深，人情敦厚，篤於友誼。主人視客，如兄弟骨肉，始終恩禮如一。客老且死，謂主人曰：「感君厚德，常欲圖報，孑然一身，吾何所有？惟得吉壤一穴，有三百年帝王氣運，敢以贈君。他日得志，勿忘明恨云。」此事傳之悠遠，雖無確據。

丁未以後，滿洲改為行省，遊宦者日漸其多，歸而言其風土人情，僉謂其人善與人交，殊無滿、漢之見，至今猶然。吾鄉涇縣翟氏，先世即陳友諒臣下。友諒兵敗國滅，餘眾效忠不去，擁其宗裔，遁至河南光、汝之間，嗣以生息繁衍，分一支入皖，渡江而南居涇縣。其先河南總部，猶寄供養之費。繼而居涇之人讀書入泮，甘食明祿，遂絕不通。載在《翟氏宗譜》，翟展成孝廉言之頗詳。觀於此而知陳氏覆亡，人心未去，遼東孤客，理固宜然。客姓氏不傳，毅勇之忱，較之田橫島中五百人一死塞責者，難易相去，奚啻倍蓰。以視子房仕漢，其志報韓，何以加諸。

梁鼎芬之浮沉

劾治權貴，效命疆埸，皆美名也，而莫難於一死。梅村詞曰：「為當年，沉吟不斷，草間偷活，便竟一錢不值，何須說。」遙想明末，刳腸決腹諸君子，前仆後繼，死亡枕藉，士氣不其壯與！至近年誅奸與盡節，可謂別開生面。當時參李文忠，幾等於嚴嵩、魏忠賢，然具疏者備受無知輿論之讚許，而無纖芥之禍，事過境遷，或更擢用。辛亥鼎革，先朝遺老不肯屈節，避居夷場，輒以餘貲作富翁而享清福；否則依附皇室，食俸為生，仍不失祿足代耕之樂。

梁星海方伯以妄論法越事，嚴議降五級調用，及鑾輿西幸，由武昌府升安襄鄖荊道。未幾陳臬開藩，又得罪慶、袁而投劾去。國變之後，南北奔走，以張少軒之薦，繼陸文端值毓慶宮，授太保。使楊、左諸君子地下有知，當有實命不同之慼。

袁世凱擢用趙秉麟

孔子曰：「勿欺也而犯之。」可謂直言極諫者戒。光、宣之際，臺諫中，江春霖、趙秉麟、趙啟霖以彈劾不避權貴，著聞於時，然皆有背影，終不免「欺」之一字。秉麟仕民國為肅政史，姑無論名節，即以其生平彈劾慶、袁章十餘上，國變之後，乃甘為之臣，將往時談忠說孝面目一掃而空，亦孔醜矣。項城不念舊惡，寬予擢用。而於條陳外部事宜隱攻善化之李灼華，以暗通報館為名明攻善化之惲毓鼎，悉置不用。楚人有兩妻者，人挑其長者，長者詈之；挑其少者，少者許之。居無幾何，兩妻者死，挑者娶妻，仍擇長者，取其能詈人也。項城用人，蓋用挑者選婦之法。但定情之夕，昔以死爭者今以身許，殊難為情耳。

趙秉麟與陳元，不知若何感想

趙秉麟、趙啟霖、江春霖三人，在臺諫中，非特同志也，而且同謀。楊翠喜案，雖啟霖發難，因是左遷。秉麟具疏爭論，謂己本有是意而未及上章，是自承為黨也。孫相查辦，不滿其意，固無待言。未幾，孫相輿從遇秉麟於正陽門洞。轂擊肩摩之地，騎者先導，指揮途眾，令輿得過。秉麟之父與孫相己未會榜同年進士，秉麟其年家子也，遽來書云：「遇公於正陽門，下車，為廝役所鞭者再。不意年伯素性和平，而下人橫暴如此。伏思相公之體制，雖極尊嚴，而御史之法驄，亦何容鞭辱云。」孫相得書，亟往詣秉麟，秉麟避不見。孫相曰：「吾為謝罪來也，主人雖不在室，胡可徑去？」下車登堂，向上行一跪三叩禮而歸。俄頃間，秉麟即來，亦下車登堂行禮，不見主人而還。京中頗有知者，問秉麟，輒諱言之，蓋自覺其已甚也。孫相騎士名陳元，其後為東海徐相紀綱之僕。民國改總統制，東海為國務卿，稱相國，陳元為傳宣官。秉麟適於其時充肅政史，自無有不見相國之理。滄桑一變，大清國易為民國，皇帝易為總統，大學士、軍機大臣易為相國，御史易為肅政史，騎士易為承宣官。而秉麟之為秉麟如故。陳元之為陳元如故。秉麟遇陳元，不知若何感想。陳元遇秉麟，亦不知若何感想耳。

岑春煊獲罪始末

西林於隨蹕之役，始識總管李蓮英。未幾，開府山西，移節兩粵，屢叨異數，慈眷極隆，聲望之美南北相當，貢獻之品絡繹不絕，足抗項城，皆李總管為之內也。滬濱養疾，與武進盛杏蓀尚書交，一見如故。武進喜知名之士，文人墨客結習，花晨月夕，莫不以氣節為談資。西林居處稍久，遂與俱化，頗以名臣自勵。入覲至京，各宮監欣逢舊雨，且患難之交，靡不心悅，西林視之蔑如也。及貢廣西土產狗魚，兩宮知為珍味，命付庖廚，蓮英曰：「是物鱗類而有獸形，恐具烈性，不宜聖體。」一命豢諸湖中，蓮英曰：「觀狀頗惡，縱入水中，魚鱉之屬，無噍類矣，且恐夜出傷人。」乃棄之。西林於是乎寵衰，會粵中輿論與新督周公不協，上命復舊任。過滬，與諸名士交遊，託疾不行。上海道蔡伯浩觀察得其西法攝景，以新會梁啟超舊景相合如一，以為逆黨之證，進呈御覽，遂得罪。

岑春煊被偽造合影

攝景之法極其淺近，兩片相合尤輕而易舉。光緒十年間，招商局得旗昌洋行業產，浸以盛大。李文忠以馬建忠總辦局務，沈能虎為副。建忠甚之，密以能虎與妓女合影獻之。文忠雄才大略，本不以為罪，嗣見能虎，僅加斥責而已。能虎末秩微員，謁見上司，殊不敢對；文忠既未明言，尤難申訴。退而告人曰：「苟以傅相影加於其上，無不合也。」時傳為笑柄。後二十年而有岑西林之事。

鹿傳霖衰齡而保持祿位

善化罷相，林贊虞侍郎有連帶而去之勢。上將擇相，於是壽州、定興同日召見，命長白世相從之入對。是日，定興奉詔再簡樞臣。壽州曰：「上知我重聽，尚未知定興與我同病也。」自是而後，慶邸專權如故。南皮內用，猶無能為，遑論其他。定興旅進旅退，雖隨班而上，於事一無所聞。下直後，輒向軍機章京，詢問本日例行公事，猶得一知半解。至於密勿，不能參預，自不待言。此老以倔強著聞，而衰齡保持祿位，至於如此。可見張禹，孔光舉動，皆在人情之中。

林紹年與瞿鴻禨出樞廷

林贊虞侍郎為諫官時，以風骨著，非清流諸君子，徒託空言之比。善化相國少年科第，已經濟文章自負，與侍郎素相欽重。庚子回鑾之後，善化入相，時侍郎洊升專閫，內外尤相契合。官制改革，引入樞廷，共任艱巨。楊翠喜案，振貝子上疏乞去，中有一聯，用上諭中「水落石出」四字嵌入句中，云：「雖水落石出，聖明無不燭之私；而地厚天高，跼蹐有難安之隱。」侍郎讀畢，嘆曰：「好文章！」慶邸銜之。及善化放歸田里，詔下，侍郎又大詫，曰：「進退大臣，如是之輕率耶！」召對時，力請查辦。太后曰：「查辦若實，厥咎更重。」是善化去職，深宮正有成見，不言而喻，而侍郎不知也。未幾，遂出樞廷，任豫撫。

軍機大臣形如輿夫

京師輿夫四名，諺云：「頭一個洋洋得意，第二個不敢洩氣，第三個渾天黑地，第四個不知那裡。」談者比以軍機大臣。向例，樞臣入直，在御案右旁跪，其跪墊挨次而下，惟居首者奏對，其次則跪處由漸而遠，諦聽上諭，不能詳悉。即有陳奏，上亦不能盡聞，仍由居首者傳述。故樞廷諸臣，雖云同時入直，然自首座外，其餘率非問弗對。京諺以輿夫四人狀之，情形畢肖。

于式枚善作散文體

于晦若侍郎久參李文忠幕，書牘多出其手，《清史稿》謂奏牘多出其手，乃相傳之誤。侍郎長於宋人四六，《困學紀聞》論文所舉各條，侍郎優為之，故文忠謝恩諸奏，望而知為所作。至論事摺子，文忠方以自命，何待人為。如有集思廣益之處，幕中人才濟濟，非止一人。豐潤聯姻後，時參末議，目中豈復有侍郎在。光緒乙未之歲，文忠自馬關歸，入閣辦事，寄居賢良寺，侍郎始為記室之長。是後章疏，寥寥無幾。出任兩廣，侍郎又未從。故《文忠奏稿》八十卷，雖謂其無與于侍郎，可也。然侍郎散體之文，其揣摩工夫，能恰如人意之所甚欲；其運用詞藻，可以達人口之所難宣。光緒末年，侍郎以西林勢敗之故，出使德國，充考察憲政大臣，無異宋人之遠謫。臨行一奏，慶邸讀之，稱賞至再。南皮素與之善，攙言曰：「此人歸國，何以處之？」項城以手指地，曰：「莫善於此。」意謂軍機大臣也，南皮乃不復言。

滿洲之行禮

滿洲一足跪之禮，名曰「請安」，非真長跪也，一膝稍曲而已。滿洲人五分男女，偶相遇，即行之。凡內廷行走，滿籍大學士以下，相遇皆然，則不足為榮辱，從可知已。至卑賤遇尊長，則雙膝落地，名曰「跪安」。漢京曹相見，均長揖。外官則自知府以下，謁長官，均請安。謂之行旗禮，可也；謂之有加禮，則未見其然也。《嘉穀堂集》書阿文成公遺事，內有一條云：「星衍改官比部，偕同歲生馬履泰謁公。公止星衍等，勿行一足跪禮，曰：『吾為郎官時無此禮云。』」是乾嘉時已以是為卑屈，相沿至今，而其實非也。光緒末年，釐定官制，不分滿、漢。於是漢人學旗禮者日多，反以請安為時式。可知移風易俗，未為難事。

京官重禮節

京官重禮節，然禮與諂不同，匪惟無諂於同官也，亦無諂於長官。京曹雖有尚侍，無論王公大臣，其屬僚除送稿、畫諾外，鮮有至其宅者。粵東陳錦濤以遊學生考授編修，供職度支部大清銀行。其時澤公喜學生，頗信任之，武進盛尚書以為譯員，籌借款遣往歐洲，見銀團解釋用途，駸駸乎大用矣。忽逢辛亥之變，錦濤走滬，謂人曰：「滿洲宜亡，以少年不經事王公為長官，令吾輩口稱章京，叩頭請安。」詰者曰：「京朝官無是禮也。苟非爾自往口稱章京，自往叩頭，自往請安，誰令爾行？」家式甫為軍機處章京時，項城入值樞廷，式甫持稿往見。項城不知樞垣掌故，坐而受之。式甫稍退不與，項城微詫作聲，式甫更退後，項城覺而起。自是，項城益加重視。式甫由幫領班躋正領班，項城之力居多。孔子曰「君子不重則不威」，其斯之謂與。

清朝職官之朝珠

本朝職官入朝奏事，始不執笏，朝珠庶乎近之。每掛壹百零八顆珠，上下左右，每二十七小珠間一大珠，以珊瑚、翡翠為之，謂之紅綠佛頭。佛頭或即笏頭，滿洲制度無考，不可詳也。其在胸前者，左右小珠三串，各十粒。男子二懸之左，一懸之右。婦人二懸之右，一懸之左。謂之記念。最初用法，殆為以笏記事之意，北方土俗近古，抑結繩之類歟？俗語謂之「三臺」，取美名而吉兆也。其在背下垂者，謂之「背雲」。君子無故，玉不去身。觀於此而知國初入關，悉從明制，是荀子「法後王」之說也。章服雖有更變，略存古意，抑孟子「法先王」之道也。蓋兩用之。

李經邁誤傷林紹年

林贊虞侍郎仕豫撫時，李季皋侍郎由蘇臬調豫，二公素識，同官一省，相得益彰。各省軍政，向來督撫專權，兩司兼督練公所，循例署尾而已。李侍郎將門之後，莫展其才。與項城私函，偶言及之，弗善所為。未幾，陸軍部派員查實，林侍郎緣此內調。適逢其會，林侍郎上章，稱許李侍郎，推崇備至，一則曰「國家柱石之臣」，再則曰「李某克家令子」，都人疑焉。林侍郎入京，李侍郎又有書來，極其撝謙，敘述彼此交情，謂如父兄之於子弟。於項城及後任吳中丞，均有微詞。樞臣調停其間，將李侍郎調浙臬而兩解之。李侍郎以病辭官，留京不行。二公素行，均持重無私。雖一人急功，一人持重，性情萬不能合作，然未至於傾軋。其所以誤傷者，李侍郎之才，卓越庸流，惟學不足相濟，故兩書之中，詞意不無重輕，以致於此。故言為心之聲，不可不慎也。

慈禧晚年好貨貪財

慈聖晚年，不免於寡人好貨，而無與於政事。項城、西林皆以貢獻，互相鬥富，因其官高，愈增榮幸，未必以之登進也。且此端微開於李文忠，而張文襄繼之，在當日督撫，為見所未見，亦非項城、西林開其先也。辛丑回鑾後，朝廷惟懼外人圖己，項城近在北洋，手握重兵，尤為倚恃。侯官沈愛蒼中丞時為京兆尹，窺知其隱，步袁、岑後塵，藉交通宮禁之力，脅取各省數十年久已停解之順天固本京餉，成兵三營，更近在肘腋之間，思間項城之眷。卒以職位較卑，為所齕而去。文忠公子季皋侍郎以門蔭起家，簡浙江按察使，入都陛見，蒙賞飯。是日，項城約之午膳，臨時而侍郎以電話辭。夕至其宅，項城問日間之事，侍郎告以故。項城大驚，曰：「尊寵極矣。漢大臣中，惟余與岑春煊受此恩遇。」問席中見何人，侍郎曰：「派太監伺候。」項城益訝曰：「上視子與余輩等耳。」然終光緒間，侍郎並未大顯。沈、李二公猶曰：「先澤也。」

壽州孫多祺以道員需次直隸，善於觀風望氣，交結宦寺，求梯榮之路而終窮。先是，辛丑之歲，任河南祥符首縣。適兩宮回蹕，奔競之術，百出不窮，行宮門外，趾為之穿。一日之間，龍光三接，時誇於眾，傳為笑柄，然其後潦倒極矣。光緒末年，由李總管獻菊花百盆，言家貧，只此區區之物，聊表忠悃。慈顏怡悅，賞御書匾額。多祺自天津寓所具鼓樂，候於鐵道側，迎歸，招搖過市。慈聖於此類事，視為無足重輕，不能由此而獵取爵祿也。

光緒與慈禧病重議立宣統

帝自西狩以來，漸與太后母子情意如故。太后懲國家多難，宗社安危惟帝是賴，途中調護備極恩勤，帝亦服事惟謹，欣欣然有祥和之氣象。回鑾之後，長白榮文忠公輔政，未幾卒，慶邸代之。項城、西林，南北重鎮，協力維新，天下稱治。民亦勞止，汔可小康。帝性直率，於戊戌之事，頗有遺憾，心所不平，輒形諸筆墨，曰：「某某可殺。」類似宋寧宗皇子竑書「彌遠當決配八千里」，而不知禍作於肘腋間也。讒者果挾以訴於太后，宮闈嫌隙復生。帝無尺寸之柄，鬱鬱益以致疾。禁中事秘，京外頗有譌傳。

至光緒三十三年丁未，始以痼病聞於外，詔征四方良醫。時下懸壺之士，如陳蓮舫類者，貪得御醫之名，遠近咸集，麇聚輦下。帝沉疴已久，易生暴怒。醫入請脈，不以詳告，令自揣測。古法望、聞、問、切四者，缺問一門，無論何人，均為束手。及書脈案，稍不對症，即弗肯服。

有時摘其未符病情之處，御筆批出，百端詰責。批陳蓮舫方云：「名醫伎倆，不過如此，可恨，可恨！」紛糾年餘之久，所患益劇，雖日視朝，步履非復前狀。

戊申十月癸丑朔，時享太廟，遣恭邸代行禮。是日，樞臣甫入，帝泣云：「予恐不臘矣。為太后子，不能奉侍，奈何？」太后安撫之。自此乃不早朝。帝久病之中，忽中止聽政，咸知為不祥之兆。時政在慈寧，人心未甚震異也。太后體素康健，喜服膩品，因以致疾。甚劇時，慶邸往奉天驗收普陀峪東陵工程未歸。兩宮病重，樞府諸臣，皇皇無以為計。二十日，慶邸返，先與項城計議，項城曰：「吾輩漢臣，惟知國賴長君，其他非所敢言。」醇邸曰：「若仍為臣，無不可者，不然不敢承。」僉曰：「宜入見。」乃請起太后召見。禁地森嚴，至是而益密。樞臣每人至，輒問曰：「誰歟？」對曰：「某。」乃開一罅內之入，旋閉之。又一人至，亦如之。畢入，恭邸尾於後。衛士曰：「未召王。」拒之於外。太后在寢室，稍修飾，倚衾坐，見諸臣，先問皇帝病況。慶邸對曰：「疾大漸，宜立皇子。」太后曰：「先令載灃之子入宮讀書。」醇邸辭曰：「臣之子幼，載濤之子長，願太后善為計。」太后微慍曰：「汝糊塗，此如何時，而猶作是言耶！立汝之子為穆宗毅皇帝之嗣，汝為攝政王。汝雖無才能，擇有才能者為佐，勉之毋懈。」慶邸請兼祧至再，不許，乃皆退出。及立儲詔下，末云「兼承大行皇帝之祧」，乃太后所未及知者。太后以光緒初年早有成議：今上生子，為穆宗之嗣，有約在先。然樞臣擬兼祧之諭，亦合乎禮之變，未為違旨也。

慈禧私蓄三千萬

太后有私蓄三千萬，半在南苑，半在大內，皆用紅繩束之。庚子之歲，乘輿播遷，輦運不及，乃遺之去。八國聯軍入都，世相時以內大臣居守，用日兵為衛，洎駕返而無所失，慈顏大悅，世相以此驟貴。孝欽皇太后崩，宮監黠者，盡其所有，以獻孝定皇太后，而閹人之勢因此不衰。未幾，清亡，孝定皇太后旋崩，宮禁內事，仍為旗員把持。辛亥後，大內用度，想出於此，何時侵蝕始盡，亦無可考。

太監總管李蓮英與張德

李蓮英所謂皮硝李也，在安得海之後，內監權勢莫逾於彼，然孝欽太后家法綦嚴，惟內務府中司員在其宇下，不能不常與周旋。當時大僚，幸邀慈眷而交通宮禁，或知之有素。外廷諸臣，莫得晤其人。蓮英從不輕出，識面尤稀。顯后晏駕之四年正月，火神廟會移於香廠，忽於遊人中，有人私語曰：「此李蓮英也。」視之，乃黑醜大漢，適成其為北方之強者而已。

小張德繼為總管，與京朝官吏時有酬應。母壽，賀客盈門。值騾馬市大街修治道路，為途所必經，警吏為之先期竣工。猶子某，供職軍諮府，已入宦途，與張紹軒軍門聯譜，隱有亢宗之意。清末風氣，人人觀念，頗以為軍門之榮。親貴王公，反介軍門。以結於張德，為取悅宮闈之捷徑。軍門落職居京，以此之故，出為江防軍帥，授兩江提軍，頗負時望。履任之始，無貲以往，張德之母假以五萬金，而後成行。燕人重義氣，張德一家，視軍門如骨肉。鼎革之際，軍門力守金陵，不受各方之搖惑，事雖不終，東南方鎮未之有也。追惟終始之際，其情感未嘗不自是而來。歐陽公作《五代史》，立〈宦者傳〉一門，皆取其有關於國事者。吾於李蓮英、張德竊有感焉。

袁世凱遠交之策不行

項城以戊戌之變，得罪先帝，懼禍之及，倡為立憲說，尊民權，重民意，俾無故不能誅大臣。楊杏城侍郎為之計曰：「立憲官制各有責任，不能兼差，公為光桿總督，是未受立憲之益，而先受其損矣。」「光桿」者，俗語他無依附之謂也。項城不聽。既絀於官制之會，知其策不行，乃獻交鄰之策，陰以樹外援。當是時，唐少川侍郎主交美，梁崧生侍郎主交德。唐侍郎聘於美，議加兩國使臣之級為大使，不得要領而歸。日本人忌之，有行反間於攝政王之左右者，曰：「日本之至中國也，在三日之內；美之援中國也，在二十日以外。夫不憂三日之禍，而待二十日之援，謀臣失策，為不忠。」度支部尚書澤公，以武進盛侍郎為謀臣，袁、盛之仇固結不解，澤公亦不悅於項城所為，讒之曰：「歲費益巨萬，僅得大使之虛名，豈計之上者。」項城乃被逐於外。而遠交之策不行。

翁同龢、瞿鴻禨、袁世凱被逐之情景不同

戊戌，常熟放歸。是日有旨，先令其待於外。常熟私忖：不過如甲申之屏出樞廷，甚至開去各項差使而已。詔下，捧而流涕。蓋以師傅之尊，等於斥逐，不稍予以禮貌，誠出人意外。丁未，善化放歸，適當夏令，樞廷諸臣來時稍早，皆釋冠帶，室內憩息。詔自內下，眾方趨視。善化學問本高，年力正富，略為觀察，一覽無餘。旋即束帶整冠，入內謝恩，趨而出，無一語。

戊申，項城放歸。是日樞廷散直，攝政王復召世、張二相入內，出詔旨。初更嚴厲，世相力爭，僅得開缺回籍。項城奉詔，面色皆赤，強作獰笑，云：「天恩誠厚。」時孝欽顯皇后之喪仍在宮中，先帝奉移觀德殿，項城時為恭辦喪禮大臣之一，輪日值宿。忽念及此，曰：「今當直，奈何？」世相曰：「吾為子往。」項城半跪謝之，乃出為歸計，聞其家人，恐有後患，力勸為外國之行，項城意不之動。家人長跪許久，號泣隨之，乃以電話召張鎮芳都轉至京議之，為籌貲斧計也。談至經夜，翼日與乘京奉車至天津。都轉在一等車至城站下。項城微服在三等車，至老龍頭車站下，寓利順德飯店。使都轉往見直督楊文敬，無他意，乞資而已。都轉尚未言其來意，文敬聞項城至，大驚曰：「渠奉旨回籍，胡可以來？若然，必以上聞。」都轉不復言而去。文敬以告其幕客，客或曰：「雖然，必往慰之，毋令憾我。」文敬遣其子往，而都轉之言已先入矣，

楊、袁由是不睦。項城旋得趙智庵、楊杏城兩侍郎電話，促其速返，乃還京就道。三公之出樞廷，情事相同，而處之不同如此。

張之洞貶斥楊士琦

南皮張文襄在京，嘗言泗州楊蓮府制府、杏城侍郎兄弟非一母所產。易實甫在側曰：「同母兄弟也，公胡以決其不然？」文襄笑曰：「一龍一豬也。」或問侍郎曰：「子孰為龍、為豬？」侍郎曰：「以南皮目光斷之，人果成進士，雖殺人，亦可以減罪。吾兄詞林中人，定為龍，余定為豬。」文襄又言：「番禺梁彥孫太史與杏城侍朗必感同氣而生。」疑其相似之甚。時尚為詩鐘，一日，拈得「奇態」二字五唱，黃紹第叔庸得句云：「弟兄岑氏奇皆好，姊妹楊家態並濃。」南皮大稱賞，稱為鐘王。其於侍郎，無往而不加貶辭，諸如此類。洎慈聖上賓，項城斥去，醇王攝政，頗倚任南皮為重。鐵寶臣尚書長陸軍部，與濤貝勒同領禁衛軍，深相結納，謂濤貝勒曰：「袁黨之勢已摧，若去楊士琦，則根株盡絕。」濤貝勒初出任事，不知其為何如人，曰：「誰為楊士琦者，余胡不知？」尚書曰：「王於觀德殿之下，喪服哭靈諸臣之中，有大紅鼻子者，即是人也。」時先帝之喪，奉移觀德殿，故尚書云然。良賚臣統制素仰南皮如泰山北斗，言及杏城侍郎，輒云：「大紅鼻子，非佳物也。」

宣統年間政情

攝政就職，慶邸威權大損，見項城屏逐，知將及己，遇事更形退縮。宣統年間，政局情形極其復雜。鐵寶臣尚書喜於軍權在握，忽出為江寧將軍。世伯軒相國於諸滿人中，負一時重望，忽與吳郁生同時罷值樞府。濤、澤參預密勿，權在樞臣上，傳聞濤將柄政，召用袁、岑，已忽寂然。足徵當時起落不定之象。慶邸依違其間，時或於彼有利。二年秋，朗貝子與東海入直，濤之力也。慶邸知朗之易與，玩之股掌之上，權勢日就恢復。又荏苒經年，改慶內閣而後國亡。

世續縱容奕劻作惡

世伯軒相國索勒豁金氏，今之張禹、孔光也。未嘗篡漢，然王莽之篡，實二人陰以縱之。索勒豁金未嘗貪橫，然慶邸之作惡，實彼有以成之。慶將以黷貨敗者屢矣，楊翠喜案幾不免，奉查辦詔，泣曰：「臣罪實當誅，不實奈何？」太后曰：「言者有罪。」世相於此際，初未嘗為慶陳辨。而召對之時，唯唯否否，令天顏不覺而為之霽。項城放歸田里，慶邸有聯帶去職之象，謂世相曰：「如不用我者，宜自請退，毋逆輿情而逐我。」世相為之緩頰，而慶之貪橫得與國同休。

其他大政因之遷延不舉者，不可勝舉。丁巳復辟，近臣中，雖知其未可，莫不欣喜。世相獨不然，是真別有肺腸者矣。

良弼受制於袁世凱

良賚臣統制與世伯軒相國，在晚清可謂第一流人物。世相以巽懦亡國，統制清剛，適與相反，其覆邦家，亦與有勞焉。統制以豐沛子孫，東遊學於日本而歸，飽讀兵書，熟諳世變，適逢其會，夤緣得為濤貝勒幕賓，處大有可為之勢。時在光、宣末造，寧不知蕭牆之下，舉動皆足致禍，乃一意新法練兵，招致非類，釀為肘腋之患。天之生才，在前數十年，則為多隆阿；在後數十年，則為良弼。天實為之，謂之何哉！

軍諮府初名練兵處，統制為司長。項城陰忌之，調至第三鎮，為標統。其鎮統某夙以屠名，統制辭不往。時慶邸為練兵處督辦，統制往見項城言謝。項城聲色俱厲，促速至軍，曰：「汝好為之，皆訴於慶邸。慶邸兩解之，命統制往見項城言謝。項城不可，言將不用命，以去就爭。相持之際，且擢汝為大將，不然斬汝首。」統制出，汗流浹背，謂人曰：「生平所未見之嚴威也。」在軍三月，仍調京用。項城用人，善於操縱，諸如此類。然在前數十年，則為胡文忠，在後數十年，則為項城，亦天實為之耳。昔人謂明末流寇，皆胡藍獄中功臣後身，雖寓言而有至理。清白開國以來，朝廷頗負漢將。微特年羹堯、張廣泗、柴大紀以冤死也，岳鍾琪部下健將紀成斌、曹勷輩，俱不得善終。湘、淮將帥中興之績，足與創業比隆，賞功亦薄。至亥子之際，所用漢將莫不負朝廷，殆亦天意與？

諸王公出使有辱國體

鎮國將軍載振使英，賀愛德華七世加冕禮，歸，授商部尚書。諸王公艷之，僉思作海外之遊，以獵取高位。貝子溥倫之美，觀賽會；鎮國公載澤之歐、美兩洲，考察憲政；貝勒毓朗之廈門，招待美艦；鎮國將軍載摉之美，充一等參議；貝勒載洵、載濤之各國，考察海陸軍政；使節聯翩，不絕於道。諸王公年少未學，聲色狗馬之外，他無所知，舉動皆足以辱國。洵貝勒至英倫，館於王宮。客舍有食堂，各國王公貴人來者皆在焉，洵帥其護衛以往。護衛咸北五省籍，華人傭於英者，惟汽船工役，亦以北五省籍居多。護衛引為鄉里，食時與俱，同席者以為大辱。英倫船廠商人聞吾國海軍大臣至，盛席作樂燕之，諾將往矣，已而不果。校閱師船，約以巳正，逾期而往。及至柏林，譽德之強，宣言於眾，諸多失辭，英人憾焉。濤貝勒至英，英幾不受，適愛德華七世殂，強以吊使往，許之。期以三日至四日始行。諸王在外，皆有挾妓之名，摉充參贊，尤無忌憚。

戴濤貝勒美、英、德、俄之考察

濤貝勒考察陸軍之役，從者皆軍將，惟李季皋侍郎以將門之子，廁於其間。途中聳恿貝勒，聯絡邦交，以為牽制之計，貝勒意動，舟過檀香山，觀珍珠灣險要，防日本也，工猶未竣。規模之宏遠，經營之完美，為生平見所未見。向所濡染於日本東京學生之言，以日本為天下莫強者，觀念稍變。至舊金山，吾國使臣張蔭棠迎而登陸，易車之華盛頓。車中，蔭棠曰：「王之來也，專以軍事與？抑朝廷其有本指與？」貝勒曰：「無之，專以軍事來也。」蔭棠曰：「王其秘之與？余實為行人，胡可以不知？」曰：「否，其實無也。」蔭棠曰：「然則王胡以來？昔歲唐紹怡來聘，列邦人士，好我者喜，惡我者懼，咸曰：『其中必有物。』紹怡返已逾年，忽焉而已，四方熒惑已甚，而王適至，若又無所見而來，無所聞而去，人其謂我何？然則王胡以來？」皆不應。蔭棠曰：「國家之危，將在旦夕。以王之尊親，使於四方，苟利於國，觀時而動，何等不可者。不然，亦偽為之，庶無貽羞於此。」貝勒深然之。

至華盛頓，見總統塔夫特於白屋。貝勒凡燕宴，皆李侍郎相為之通譯。白屋者，美宮也，制度簡略，其側有小園。賓退，主人導之園遊。及門，賓曰：「昔者聞君宣言列國，以敝邑之土地、政事、權利為不可犯，引為已任，惠之至也。寡君拜君之賜，使某私焉。」塔夫特曰：「是吾心也。」是夕，宴賓於白屋。坐中，外部大臣那克斯謂貝勒曰：「吾國與中國，對立於太平洋東西兩岸，中國之無患，吾國亦有利焉。反是，害亦隨之。吾總統自麥金尼、羅斯福，以至今之塔夫特，莫不以中國之土地、政事、權利為不可犯。塔夫特曾履中土，持之尤力。繼之而在位者，舍此莫由也。中國之事，當王者貴，一人有慶，兆民賴焉。非若此邦政俗，一興一革，必每人而悅之也。昔大彼得遊學而歸，而俄始大，以俄俗類於中國，君權獨重，一正君而國定也，子歸，曷不疏請幼主遊學於歐美，以為變政之計。」各國通例：國主之宴，非有故，席間無頌詞。此時賓主歡甚，塔夫特謂那克斯曰：「吾思今日之樂，仍以頌為佳。」乃立而言曰：「祝大清皇帝之無恙也，祝其學之日進也，祝攝政王之行無不宜也。」膳畢，塔夫特請貝勒入菸室。塔夫特曰：「國必自立，乃得他人之助。苟遇非禮，力拒之，不敵，公論宜為之援，若已先與之，人誰與爭？」言竟，登樓入室，坐而言，更述前語。又曰：「國家之強，由內治也。內政不修，何以禦外。」知其將往歐洲也，則曰：「於子之行，求友匪易。英之日、法之俄，皆與國也，烏能舍而親子！惟德意志尚無他耳。」貝勒居華盛頓三日，相形於人，自慚於己，頗為發憤，曰：「我之存亡，僅於人微有牽掣耳。人猶如此，我何以堪！」乃電致攝政王書，具述其事，請速為計。

至英，英不禮焉。英人以銅官山爭礦，澳門勘界，達賴喇嘛革去封號，責難於我，如呂相之絕秦。適愛德華七世殂，奉朝命以吊使往，四日而行，至德，見德皇威廉二世，與於宰相和魯威之宴，外部，大臣希音在焉。德相與外部，衙署相屬。畢士馬克之相德也，其子為外部大臣，居處最近，朝夕得承其命，以是相傳視外部大臣如掾屬。時五月五日也。

次日出德京，往觀各軍，視諸險要。越四日，在克虜伯廠，始得電諭。令聘德將，練兵於北徼外，借美國資本，興農工商業。為並交兩國之計。乃謀於使臣蔭昌。蔭昌曰：「昔余東歸，德主謂余曰：『子之國孤立於東，吾國孤立於西，安得一日者左提右挈，使其勢不孤乎？』余歸，夫誰與言？今有此旨，機不可失也。朝廷之意，借美資、用德將，未始非計。然用其人，多不過數百耳，奚足以動之？不如並用兩國之資，俾知其利大，以悅其心。」乃使蔭昌往見希音、何魯威而叩其意，僉曰：「可哉。」問其節目，曰：「且徐計之。」求見德主道意，則以舊例所無辭。福納根漢者，接待官也，曾充湖北武備學堂教習，時位至正參領，願達意於德皇，以電話詢諸侍從武官長。次日黎明，以覆訊來，曰：「寡君使余，從貝勒遊於波斯墩行宮。」李侍郎及蔭使相貝勒往。及門，行未數武，倏見德皇牽一犬至，若相遇也者。旬福納根漢，福納根漢退。又行數武，入林中，胡床一，德皇與貝勒並坐其上，李侍郎、蔭使左右侍。德皇曰：「貝勒之意，予知之矣。明歲使吾子為亞洲之遊，乃有條目，今未可也。吾國與中國過遠，今日之事，必與美共之乃無患。尤其要者在於內，未有內政不修而可言外交者也。」

至奧，遂至俄，俄人亦不禮焉。俄皇拒而不見，辭言舟遊芬蘭海中，行無定所。固請，且私於其近臣某，始得行一覲禮。駐使薩季謙宴於其館，俄外部大臣伊思渥爾斯克坐與李侍郎相近，問曰：「余昔使日本，遊北京，使館中遇勳貴李公者，誰與？」侍郎曰：「家伯兄不在京，仲兄已逝，惟余居京，與俄館最相習，其余也耶。」伊思渥爾斯克曰：「今茲王來，惜時之不令，未隆禮貌，滋以為歉。」侍郎曰：「昔我先公之來也，中、俄均為與國，賓主至歡，今俄友日而疏我，理固宜然。」伊思渥爾斯克曰：「是誰之過與？我疏爾耶，抑爾疏我也？」侍郎曰：「始吾以俄為上國，私與訂盟，欲以報日也。吾國土地，許其假道，築鐵路，為軍用，無所吝惜。拳匪之難，訂東三省之約。苟利於俄，吾無不予也。英日之人號呼於側，吾不忌也。吾之親爾，其誰不知。自爾以堂堂大邦，敗於蕞爾小國，吾失所依而意有所移，焉能責我。」伊思渥爾斯克曰：「尚言盟約耶！爾視我如寇仇。日、俄之役，袁世凱公然為日本後援，秣馬厲兵，張揚於眾，為吾之敵。幸彼眾僅數萬耳，亦幸而知俄之不可終滅耳。假使彼擁數十萬之眾，且將加兵於我，吾不勝其怒而出於是，君何責焉。」侍郎曰：「以俄之大，而敗於日，辱莫大焉。吾意苟可以報日者，宜無不為也；五洲各國，苟可以同仇於日者，宜無不與也。任何國焉，唯盟之尋，無與日本釋怨通好之理。胡為反之，而與日本協以謀我？」伊思渥爾斯克曰：「不然，此客氣也，非國計也。國家之事，利則行之，何仇怨之有。始余使東京，獻聯日之策，君與相弗善也。日、俄戰作，余罷歸，未幾戰敗，政府念前言之驗，余進為外務大臣，持前說益堅。當是時，師徒撓敗，杼軸久空，生聚教訓，非數十年弗克蘇。內顧之不暇，焉能謀外。既不勝戰，焉能不作和計。釋日本之怨，與之通好，於是外平而內亦成。」余曰：「昔中、俄親甚，英人甚焉，肆其流言於外。余昨入公室，見英主愛德華七世畫像懸於壁上，而偶像置於案頭，英、俄相好，不言而喻。英之憾俄，出於性分之所固有。近數百年，英國文辭無問出於口，著之書，登諸報，莫不蓄有仇俄之意。任何邦國族類，有一語涉於親俄者，皆痛詆之不貸。牽率天下言論以從其後，而排斥乎異己，恨毒固結而不可解。今若此，可知人心之怨，無不可釋也。」伊思渥爾斯克曰：「我師敗後，吾國勳爵銜日至深，余驟主聯日之說，必不入耳，其策必敗。先英而後日，乃合二國之成。

於時奧人取波黑二州，英、法二國爭摩洛哥之利不相下，牽涉全歐，幾出於戰。我軍新衂，何以待之？與英修好，以弭戰禍而息吾民，持之數年，國勢復振。人心之怨無不可釋者，觀於英、俄相親益信。如中國親俄，即今為之，未為晚也。及是時不思補救之策，恐他日之事，尚不止此耳。」伊思渥爾斯克言中，已含有庫倫之事矣。

貝勒歸，欲自入政府，而引徐世昌為佐。以李侍郎為外務大臣，陸徵祥佐之。出世續、吳郁生於外朝，簡那桐為駐防將軍。命曹汝霖使法，胡惟德使俄，以俄日之爭滿洲也；錫良稍弱，不足禦侮。將設督辦鐵路大臣於盛京，假德、美二國之資築葫蘆島摯愛琿鐵路，由張家口經庫倫達恰克圖，由汴洛經西安達蘭州，橫亙西北。起岑春煊為熱河都統，起袁世凱為陝甘總督，用德將校大練陸軍，以固邊圉。言於攝政王。王始猶聽從，世續、吳郁生皆罷值。良弼獻策於貝勒，不遽入政府，以毓朗、徐世昌嘗試之，銳志遂漸消滅。良弼本與李侍郎不睦，至是意見益深。貝勒幕中賓客猶且不和，安望平治天下。德太子行至新加坡，以鼠疫為辭而返，亦知其無所用矣。

戴濤用讒諂之人

濤貝勒至柏林觀操，武弁劉慶恩墮馬。慶恩者，湖北武備學生，福納根漢之弟子也。福納根漢時為接待官，欲藏其拙，為備車乘歸。貝勒惡之。良弼曰：「人有豢馬者，使行則行，使止則止，使速則速，使徐則徐，唯所用之，無不如志，謂之人騎馬。雖有良馬，任性而行，周旋不能，進退不可，謂之馬馱人。慶恩非騎馬，馬馱慶恩耳，奚以責為。王之用人，騎馬乎？抑馬馱人也？」自是貝勒用人，趨於讒諂一派，而新學一流亦陰進矣。

晚清王公用人但知財貨

清末王公當道者，惟慶邸用人但知財貨，猶不脫本來面目，亦不至大為宗社殃咎。振貝子於唐蔚之，僅以為作官引導，學之惟肖，旋即棄去不用，猶傳其父衣鉢。洵、濤兩貝勒、澤公，則非徒為利，而又自逞其才，故學生一派乘之而起。若輩接近邸第，把持部務，若似乎在王公及部員之間，生出一重障礙也者。至部則曰：「王爺、公爺之意也。」在邸則又曰：「部員非此不可。」因而上下其手，甚至潛施毒計，以覆其宗。革命之事，仍諸王公之自革而已。

戴澤用盛宣懷，擁有漢冶萍股票

澤公用武進盛尚書，有貝之財與無貝之才實兼收而並蓄。武進諳於財政，為是時第一流人物，有王者起，必來取法，鈞衡重任，當之無愧。然澤公擁有漢冶萍股票，其暗號曰「如春」，謂帝澤如春也。雖不敢遽定為賄，抑無人能斷其非賄矣。

端方炎涼之甚

炎涼之態，世所不免，然不如陶齋之甚。李季皋侍郎常述其反覆，以為笑樂。光緒三十二年，侍郎使於奧，陶齋以考察政治之命至。方議為慈聖弭謗，談笑甚歡；忽以奧人供應不周，多方責難。侍郎曰：「公之官有大使之級，而公所奉之命則非也。」不歡而散。侍郎畏其讒，先以情上達。陶齋歸，果有媒孽。那相笑曰：「休矣，已為被告而猶不知耶！」乃大沮喪不復言。次年，侍郎簡蘇臬，致書陶齋，時為江督，久置不答。侍郎陛辭，據實上聞，且述前隙。慈聖曰：「彼惡敢然。」次日奉旨調豫臬，旋得陶齋賀電。自是數日一訊，屬託其弟端錦。端錦者，河南候補直隸州、充陝州鹽釐局總辦，通省第一差也。丁嗣母憂，求許奪情。陶齋書言：頻年虧累，賴弟鹽局歲助八千。既知其事不行，猶請緩三月離差。卑鄙不堪言狀，直至其弟去而止。是後音問又絕。

宣統初元，侍郎閒居京師，輒攜二妓至御河橋旅店小飲，即都人所云「六國飯店」也。時倫貝子猶未得志，輒來聚飲，興盡即去，不相邀，亦不相送也。一日，貝子引陶齋入，略一周旋，若相識，若不相識者。次年，侍郎從濤貝勒考察軍事歸，一夕，貝勒由電話中言端四求見，俄頃即至。嗣後數日必一來，食云則食，坐云則坐，如晉平公之於亥唐。是歲九月，粵督袁海觀制軍將告歸，謀缺者眾。陶齋忽邀侍郎夜飲，賓主二人而已。膳畢盡出所藏四王、吳惲名蹟，互相鑒賞，侍郎曰：「此誠美矣，猶不若余藏廉州冊為盡美。」陶齋曰：「猶有佳者。昨觀公齋，非缺煙客一家耶？」出煙客畫軸，懸之於壁，相繼而上，於俄頃間而太常之畫滿壁。陶齋曰：「公擇其尤者，當舉以相贈。」侍郎笑曰：「三日中，粵督必簡人往。俟公失鹿之後，如有所賜，必拜登。」陶齋慚而止。

三年，陶齋卒以重賄得以侍郎候補督辦鐵路。時侍郎長兄伯行方為郵傳部侍郎，用兄弟二人名公餞之。陶齋不允亦不辭，署於簡端曰：「無暇。」翌日，送振貝子至英，與過於東車站，侍郎揶揄之曰：「公平日為吾食客，不速而來者屢矣，聞余宴客而自至者亦屢矣。今以侍郎候補，固無以加於我也，胡為乎若是？」時送客者眾，咸問其故，侍郎具述簡端批語。陶齋笑謝曰：「是日適有倫貝子之約，然則公仍賜食否？」於時倫亦在側，遂合為一局而餞之。

滿漢同化

九州故壤，疑皆蠻族舊居，其強盛之故，始於異類之入主。舜東夷，文王西夷，鑽研故籍，猶可得其侵陵兼並跡象。所謂揖讓征誅者，特古史文飾之辭耳。胡羯、氐羌、鮮卑、沙陀、契丹、女真、蒙古據有中土。南面御下。至今除蒙古尚有遺族外，其餘諸國，皆盡其所有而俱來，未幾，即與之俱盡而不復見。茫茫禹域，真亡國滅種之利器矣。推原其故，以小量加諸巨量。譬如一杯水對一車薪之火，不特水不勝火，而火猶將勝水，其勢然也。

清自滿洲崛起，君臨天下，悉主悉臣，鑒於前代之事，滿人不求文學，惟重騎射。八旗兵分防各省，扼諸險要，畫地而居，不與居民雜處，不與漢人聯姻，備之未嘗不周。然二百年間，滿人悉歸化於漢俗，數百萬之眾，僉為變相之漢人。並其文字語言，為立國之精神，雖俄於波蘭，英於印度，法於安南，百計摧殘而不能去者，滿洲人乃自棄之。皇帝典學，尚知國語，餘則自王公大臣以下，僉不知其為何物矣。清末滿大臣帶領引見，太后前則易，皇帝前則難，以太后不通國語也。宣統三年，伊克坦入直，主重國書，未可謂為識時務者，蓋已晚矣。

勞乃宣立簡字學堂

遼、金、元、清四代起於北荒，有語言而無文字。彼中哲人，仿梵經之法，造為字紐聲母及合聲之法，以成一朝文化，誠為有益無損。若本有文字而憚其難讀，欲廢彼取此，是猶苦衣冠之繁重而欲反於裸體，惡宮室之造作而欲復歸於巢穴也。果如所言，試設身以想，則中國文字，與西南蠻族奚異？王小航自日本歸，造官語字母，為欺人之計，猶可說也。勞玉初尚知禮教，乃立簡字學堂，誠不知是何居心矣。玉初選資政院議員，與東西洋歸國學生爭論，無夫姦法律甚力。是時淫風流行，廉恥道喪，僅爭末節，何濟於事！孟子曰：「不能三年之喪，而緦小功之察；放飯流歠，而問無齒決，是之謂不知務。」

沈曾植與朱家寶

沈子培方伯以提學使調署皖藩，履任之始，正值項城退歸林下，視皖撫寧州朱經田中丞蔑如也。督撫年終密考，為司道黜陟之機，光、宣末造，雖稍疏忽，而大體弗改。撫藩交惡，以是方伯終不即真。未幾，張文襄逝世，內援既斷，益覺吾道之孤。方伯自此終年請假，不履撫署，而其他酬應如故。楊杏城侍郎出任南京博覽會審查總長，路過安慶，方伯特為出城往晤，尤足以驚俗眼而啟群疑。未幾，卒自請解職去。二公負氣，各不相下，君子之過，其是非得失，未易判也。熊成基兵變攻城，二公在圍中，同心協守。及變兵敗退遣散，時乞入城購物，中丞拒之，方伯曰：「兒輩敢為非耶？」中丞曰：「縱之至內，且惡作劇。」卒不許。論者謂方伯頗漸染於近代學說，臨事之時，未若風塵俗吏之能斷。觀於辛亥長沙一役，可以鑒矣。

鼎革以還，中丞復出，任為直隸都督，頗為名節之玷。然李陵曾言：「身之不死，將有為也。」陵後無所表見。中丞仕民國，為直隸督軍。宣統復位，敵眾匿津租界，謀為不利。中丞偵知之，遣邏卒伏其屋側，將擒而治之，且制止不使通電，綢繆牖戶，不遺餘力。適政府以張少軒兼直督，移中丞入京，為民政部尚書，奪其權，於是縱敵生患，事遂不可為。其後敵軍露布，聲中丞之罪，云「幾為所制」，而中丞之心事見矣。方伯先入都，輒大言曰：「今後毋談光、宣往事為也，宜取法雍、乾，嚴明政體。」及敗南歸，慰同儕曰：「何氣餒之有？今科不中，下科再來。」方伯之志，始終不撓。其列科宜在言語文學之間，論事功則遜中丞甚遠，不能以成敗論也。昔許涵度護川督，馮蒿庵居其屬下，頗受窘辱。定興在樞府談川事，心為不平，曰：「許涵度市井耳，夢華書生，焉能與接。」慶邸時坐室中閱文牘，若聞之，若弗聞也者，儳言曰：「市井猶能治事，書生何所用之？」後之史官，如作中丞，方伯列傳，老慶之言，不可以人廢也。

江春霖彈劾奕劻

明太祖初從郭子興，馬皇后為子興養女，明得天下、猶奉祀弗衰，不以為辱也。亦不聞太祖以是之故，在郭軍中為人所輕也。黔寧王為明太祖養子，分封南服，與國同休，未為下也。貴陽陳制府即真為慶邸乾女婿，朱綸即真為載振乾兒，論其先世閥閱，互通親好，未出情理之外，而況事涉渺茫乎。江侍御聞貴陽制府之將入樞廷，寧州中丞繼直督，欲阻之而計無所施，急而出下策，舉此二者以劾慶邸，迫脅政府，不得不為之中止。犯上為作亂之萌，於此可見國勢之衰弱而將亡。曖昧之言竟形章奏，於此亦可見中國之污點。而類此之事，如李伯行之為倭主甥婿，康有為之進媚藥，在今日聞者，當為失笑，而當日言之鑿鑿，雖知其謬而莫敢為之辨。孟子曰：「言無實不祥：乃凶兆也。」然侍御以是左遷、告歸，遂不復出，為清末侍御中第一完人，未始非福。

軍機大臣變更記歷

軍機大臣無一定之缺，以四人為常，創立於雍正七年，怡親王、張廷玉、蔣廷錫、馬爾錫本只四人。近世能記憶者，法越戰役之後，禮親王、額勒和布、張之萬、許庚身、孫毓汶五人為最久。十九年，許庚身卒，徐用儀以吏部侍郎學習行走，仍為五人。日、韓事起，恭親王、戶部尚書翁同龢、禮部尚書李鴻藻、候補侍郎剛毅、禮部左侍郎錢應溥，相繼入直，同時九人之多，而舊人陸續皆出。樞府中，例有一名位居末者，鈔錄祕密文件，京語所云「摩棹子」者，徐、錢二公即其人也。刑部尚書廖壽恆、禮部尚書啟秀，繼錢後亦與斯選。太后復訓政，大學士榮祿、協辦王文韶、刑部尚書趙舒翹入直，仍留禮王領班。西安行在惟榮、王、趙三公隨往。趙既得罪，鹿傳霖以候補尚書入，瞿鴻禨以工部尚書入，復為四人。回鑾之後年餘，榮祿薨，慶親王奉命入，時仍四人。日俄事起，王文韶出，蒙古榮慶以禮部尚書入。又次年，天津徐世昌以候補內閣學士入，長白鐵良以戶部侍郎人，至是凡六人。

迨三十二年官制改革，軍機處定為實缺，慶親王、瞿鴻禨同奉硃諭，仍為軍機大臣。更以長白大學士世續及閩縣林紹年由廣西巡撫以侍郎用同入，至是復為四人。次年，瞿、林相繼出，醇親王入，鹿傳霖復入，張之洞、袁世凱又同入。兩宮上賓，醇王攝政，袁世凱出，那桐以大學士入。宣統初元，張之洞薨，戴鴻慈以法部尚書入。二年，戴、鹿相繼卒，貝勒毓朗、內閣學士吳郁生入。未幾，吳出，大學士徐世昌復入，仍為四人。次年，廢軍機處，而國旋亡。

醇親王之福晉士榮祿之女

光緒二十七年，廢大阿哥溥儁。其時，醇王已聘定故侯熙元之女，慈聖不許，特指大學士榮祿女與王為婚，冊封福晉，意中已有立儲之事矣。王在邸，方倚福晉以自結於上，敬而畏之。兩宮龍馭上賓，王攝政，福晉勢益張，頗以簠簋不飭聞於外。宣統三年夏，五貝勒載濤演劇於邸中以自壽，王生母太福晉並諸王公皆往。福晉方有娠，弗與焉，微服入市觀劇，且飲於肆而返。或奔告王，王大怒，馳歸責之。夫妻反目，太福晉亦不能制。次日，王怒不息。出，乘車擊窗，窗折。至海子，乘船擊几，几又折。是日，臣僚章奏，多被嚴斥，輒批云「著不准行」。京師傳為笑柄，謂王猶是對福晉口吻也。

盛宣懷主張鐵路國有

宣統之世，武進結於澤公，運籌帷幄之中，聲勢煊赫。授郵傳部尚書，與聞國政，平生志得意滿之秋，莫逾於此。當時路政紛歧，莫可究詰，粵路收股及半而造路無多，悉資浪用。川湘兩省田租入股，等於加賦，集貲億萬，權操諸三數巨紳之手，頗有人言。武進於是主張鐵路幹歸國有，枝任民為，盡塞以前弊竇。然未審歷年禍患潛伏之深，彼人死命必爭之處，川亂以成，鄂變隨起，而事遂不可為矣。創議之時，項城時在彰德，聞之，矍然曰：「不意杏蓀魄力之大若此，余久有此意，而未之能行也。」然則英雄成敗，殆有幸有不幸耶。

瑞澂驕妄無能

湖廣總督瑞澂，滿人中之健者也。以蘇松太道陳臬開藩，皆未赴任，而辦清鄉。袁海觀制軍督粵入，覲見項城。項城曰：「萃如胡久不履新？」制軍曰：「殆不欲再坐官廳、上手版矣。」項城曰：「胡能盡如彼意？」制軍曰：「彼心目中，未必有政府在也。」項城頗妒。及晉撫恩壽罷，內意已定瑞澂，樞臣薦寶鋆，慈聖不悅，曰：「予用一人，爾何靳焉？」項城儳言：「山西方有事，撫臣為一省首領，遠調需時，誰負其責？寶鋆升任，駕輕就熟，較易為理。上意重用瑞澂，何處不可者，奚拘於一地？」因之瑞澂沉滯年餘，始簡蘇撫。時陸文節鍾琦為布政使，瑞澂謂之「造糞機器」，傳為笑柄。移督湖廣，自司道以下，盡以其所愛，易其所不愛。湘撫忤其意，密舉余壽平中丞代之。是年，蜀中民變，中丞未奉其命，遽以師往援，瑞澂歎曰：「廝養之卒，使持手版迎客，則舉措皆失其度，今而知司使之賢者，固未可專方面也。」驕妄類如此。及武昌亂作，瑞澂倉皇出走，登楚豫師船，匿於江中。城內軍士尚未盡叛，與變兵相持一日夜，聞總督遁，乃降。大軍北下，互戰方酣，瑞澂登輪遁至九江，於是全國瓦解。

袁世凱被起用復出

辛亥八月庚子朔，越十八日丁巳，武漢之亂作，翌日聞於朝。己未，政府及各部大臣入見，環求起用袁世凱，王不許。庚申，辛酉宮門抄，言官有三數封奏，留中不發，意亦為是請也。壬戌，忌辰也，鎮國公載澤與慶邸過於壽皇殿之院下。澤曰：「侄意，須項城一出。」慶曰：「屢言之而王不聽，奈何？」澤曰：「侄請獨對。」力爭之。出曰：「王許我矣，命勿告政府。殆欲出自己意，以示惠也。」未幾，王果召慶入，下詔起用袁世凱。慶出，復召澤入。慶輩不知所以，坐於直廬以待。澤出，宣王之後命，曰：「使朝臣中與項城習者齎詔前往，促之速來，善為我辭焉，勿介意於舊事也。」遂令阮忠樞往彰德。及歸，要約多端，王悉曲從。朝廷之情見勢絀，於是畢現。

袁世凱呵辱盛宣懷

澤公先與項城不諧，自鹽政改革，長蘆鹽運使張馨庵都轉時有獻替，大得其寵，積漸疏通意見，其間已早融洽。亂作，都轉往來於京、津之間，澤公因有起用項城之議，其事雖不可知，其跡已略可尋矣。武進為澤公謀主，當此之時，若似乎不聞不見，然於起用項城之事，亦大有力焉。鼎革後，武進致書孫慕韓中丞，使密陳當日之事，為示好之意。項城曰：「彼與我角力有年矣，今尚有靦目，作此言耶！」中丞失色而退。蓋武進初意，欲亂事即平，漢冶萍不至受損，不知並宗社而亡之也。洎乎國破家亡，求保區區貲財，為捲土重來之計，仍遭呵辱，是豈彼所能料及哉！

張之洞之丫姑爺張彪

張文襄有舊將二人，一曰張彪，一曰吳元凱。相傳，文襄有使女嫁為彪妻，稱丫姑爺。閨闥之事，人莫能詳。世俗猥薄，既隱善而揚惡，抑作偽以為真，不足論也。元凱為先文莊舊部，吳武壯薦之往，練兵用湘淮紀律。彪迎上意，仿西法。故「凱字營」日削，而新軍日盛。光緒末造，湖北新舊兩軍競爭頗烈。舊軍抑制已久，有爆發之勢，元凱力遏，始已。卒以時尚所趨，舊軍裁撤罄盡，悉歸新制。北洋拓張六師，威權甚震，湖北一鎮一協，兵數雖遜而精過之。秋操之典再舉，評者曰：「北軍由淮軍變化而成，皆百練之卒，以勇氣勝。鄂軍自鄉校選出，具普通知識，見長官訓令，能自錄出，以學問勝。然下級軍校少年盛氣，識力未足，易受蠱惑，隱患伏焉。」

辛亥，武昌禍發，叛軍擁彪為主。彪曰：「殺我者，寧就戮，不然釋我。」叛軍以禮送彪過江，覓得黎元洪而立之。彪至漢口，集殘卒，會防營，招水師上岸，師師不足三千人，扼大智門外京漢車站而守。叛軍由漢陽奪取漢口，連得三鎮，器精眾整，兵數一倍，勇氣十倍，直前搏鬥。彪恥失武昌，戰頗力，相持稍久。援師不至，遂敗，朝廷亦不復用。先是，蜀中有事，命端方為督辦，率鄂軍一混成旅，入川平亂。中途聞鄂事，兵變，端方被害，餘眾乃返。文襄練兵廿載，至是成為戎首。

挪用幣制借款而未成

方事之殷也，為新內閣謀者曰：「西人心目中，凡國家之興，皆起於亂黨，成事即為國家。故亂勢一成，彼視與國家相等。洪楊之役，金陵未復之先，彼稱述忠、侍二王，儼然敵國。不寧唯是，南北美之戰，勝負未決之時，在彼族亦無別也。今武漢亂作，遍地伏莽，難保無蔓延之勢。年少學生潛伏其中，咸習於西人俗尚，或投其所好，用新建邦之名，布告各國，令守中立，約定從前所訂條約繼續有效，將何求而不得。吾於起事之始，先請於列強，將庚子賠款遲期一年而加息焉。幣制借款早經借定，先假五百萬以應用，措詞頗易，計息歲不足百萬，為財政計，亦未為失也。且挾西人之資二千餘萬，入我此次戰費之中，而彼初未之覺。俟亂黨布告各國，不認八月十九以後吾國之約，則此約明明在後，功效乃大著。戰而捷，必加息以償。戰而不捷，匪惟無利，即母金亦有礙焉。西人懼於我之敗，能不助我乎？縱不我助，必不至為患，所以樹我之黨而破敵之計也。」閣議以聞於慶邸而從之。

使胡馨吾往，教之言曰：「吾國賠款，仰給於關稅，漢口一關，其尤著焉者也。不幸有亂，不能如期而至，請遲以期年。幣制借款現在銀行，尚未動用，請移緩濟急。何如？」皆對曰：「諾。惟吾無所據以報吾國，乞以紅封來。」「紅封」者，外部與使署通信之名也。既而，英、美覆訊先至，允緩收庚款，而以幣款委諸承借銀行云，閣臣皆喜，謂庚款者，彼官款也。幣款者，彼商款也，官款列於預算，彼猶以為可，則商款之債票屆時付息，不致失信，宜無不可矣。英美皆有勢，既已應諾，其他宜無不諾矣。澤公不許，曰：「不可以失信於外人，且吾國之力可任也。」乃復使胡馨吾至各館索紅封。未幾，亂黨照會各國領事，請守中立，事成之後，以前之約，待之如初，惟八月十九日以後之約概不承認，云：「各國使臣咸謂舉動依乎禮法，而外交目光為之轉移於不覺焉。」

李經邁為戴濤策謀灤州軍變

灤州事起，軍諮大臣載濤，中夜召李季皋侍郎至其宅，示以張紹曾電奏，曰：「事急矣，子曷為我至彰德見項城，使召紹曾而殺之。」對曰：「紹曾方握眾為亂焉，必其奉世凱之命而即往。今日世變非常，人懷叵測，朝命之不能行於世凱，猶世凱之命不能行於紹曾也。乞以符予我，明日馳至天津，使張懷芝往，代將其眾。王請於上，以詔諭紹曾，且召之入朝議事，候其至而斬之。」濤曰：「灤事方有變，易將可乎？」對曰：「往日一紙之書，雖據數千里之地，擁數十萬之眾，孰不俯首帖服！灤軍之變，倡之者，料不過十數人耳。首鼠者必據其半，矧其士卒，尚有強半不知者耶！見新師之至，趨迎不暇，何敢相拒。因而誅其反側，安其餘眾，少時即定。懷芝宿將，足以辦此。」濤曰：「彼石不令懷芝行，奈何？」對曰：「此其所以必有天津之行也，將告以大局，權其輕重緩急。懷芝此行，僅以安眾耳；眾心安，則他將至而懷芝返矣。僅此旬日之間，奚為不可？」濤曰：「假而紹曾不受代，則如之何？」對曰：「灤軍一鎮，半在永平，即如紹曾之說，萬眾一心，亦僅五千而已。紹曾果以眾叛，入犯京師，必觸外人之忌。吾據庚子之約，令鐵路勿載其兵。彼雖疾行，七日之內不能至。吾眾能戰者禁衛軍萬人、毅軍萬人，京旗第一鎮亦萬人。以六敵一、以逸待勞，以順討逆，何憂不克！」濤曰：「誘紹曾而殺之，可乎？」對曰：「以計誘敵，胡為不可？苟不欲刑之於市，要於豐臺而殺之，一也。」濤曰：「雖然，不可以專。」乃相與至東海宅告之。東海口亦稱美，而唯唯否否，氣不復振。於是決意取朝旨以行，次日，遂有宣布信誓十九條之諭。閩項城在彰德，奉命為欽差大臣，猶遷延不行，於移師征餉之權，要索未已也。及見十九條之諭，曰：「彼自棄之，於人乎何尤。」遂馳至軍。

八旗兵氣數已盡

八旗勁旅，為朝廷宣力者二百餘年，光緒以後，氣數已盡，雖欲振作，其何能興。髮、捻之役，有塔忠勇、多忠勇最有名於一時，等而下之，勝克齋亦頗能戰。皆旗人為將，然所將非盡旗營也。醇王抽練旗營，一日而黜三都統：烏拉喜崇阿、明魁、特而慶阿，可謂嚴矣，而不聞成軍。榮文忠武衛五軍，惟中軍為旗籍。庚子之役，匪惟不戰，抑且四出劫奪，西兵入城，全師皆潰。濤貝勒統禁衛軍，平時養之如驕子，恃之若長城，及攝政王退歸藩邸，貝勒請罷軍統職。掾屬皆勸其保有區區兵權，以為牽制之計，貝勒不允。問其故，不答。固問，則曰：「吾婦泣於余前，不欲與於兵事。」魏桓範曰：「汝兄弟，獨犺犢耳。」古今一轍。

吳祿貞被刺

唐才常之役，實挾士官學生吳祿貞輩以俱來。康、梁以改革政治宣於眾，誑之回國，見張文襄，說使從己，不然則以兵諫，眾說而從行。及至武昌，乃知捐軀以當鋒鏑，本已不欲，故事一洩而全遁。祿貞謂人曰：「吾奔至皖和悅州，過江之大通，始得附輪而下。見偵探二人隨己，有追捕之狀，當時即欲投江泅水逸。在刻不容緩之際，汽笛一聲，微聞二人私語曰：『殆不在斯』，下舟去。至滬，亦既上日本郵船矣，與友偕至浴堂。一人似偵探，隨而同浴，先罷，故觸其衣落地，內中信件紛出，唐才常函在焉。友急掇起，嗔曰：『銀票何得疏忽。』此人既行，余微嘆謂友曰：『險哉！』出門，車俟於門，倏見此人攀轅詢來歷，急馳而免。」是時，吾國何得有許多偵探，莫非祿貞驚疑所致，然可見其狼狽情狀。

祿貞至日本，文襄不欲醜播之外，學費續寄不絕。未幾，距畢業期近，學生監督日本人福島書詢文襄曰：「祿貞練習成材，棄之可惜。公如不用，吾將留歸日本籍。如用之，不得借故殺害。」文襄許諾，福島親送祿貞至鄂。文襄以簽押房後一室，居之累月，察其無異志，乃遣至軍。洎北洋六鎮成立，設練兵處，慶邸與項城領之。鐵良主政，忌項城權重，欲兼用鄂中將士，以持其平。良弼薦祿貞，請以國家作保，慶邸從之。祿貞因而驟貴，官至統制，仍不改其初態。武漢變作，躍躍欲動，為人所刺死。新軍中咸疑項城為之，理或然與。

清廷丟失西藏

打箭爐，本四川總督轄境，高宗以隸西藏。時藏為我屬，駐藏大臣威勢之下，猶之乎由此省而改歸彼省，無所謂予奪也。本朝盛世，藏中僧侶官職黜陟之柄，操之在我。歷任駐使賣官鬻爵，漸失天家體制。琦善納賄，並其制度而悉更之，自是太阿倒持，駐藏大臣備位而已。光緒初，松溎任滿回京，見恭邸。笑問曰：「藏丫頭風味何如？」對曰：「別有風味。」時岐子惠將軍在坐，聞之，傳為笑柄。於此可見，當時西域都護公然漁色，不以為諱。先文莊督川之日，值瞻對為亂，事平，仍以歸藏，不知者以為姑息。文莊曰：「今欲安邊禦侮，在於規復舊制。何須收回區區之地，而失全藏之心，是舍藏取瞻也。」邊吏頗欲以此邀功，言改土歸流之利者甚眾，終不聽。

及定興繼位，用張濟策，一試而敗，藏人羈縻未叛者又數載。趙次山、季和兩制軍昆仲相繼督川，始行開疆拓土政策，實逼達賴喇嘛出走。遂盡取巴塘、裏塘各土司之地，分設州縣，立西康行省，中國於是乎失西藏。未幾，川亂，季和制軍殉難，藏人乘間內侵，邊境因而多故矣。制軍之父文穎，知陽穀縣事，遭粵匪之亂，被七創死。兩世忠節，人多稱之。制軍喪歸，哀輓甚眾，中有一聯云：「繼陽穀公，慷慨捐軀，取義成仁，世猶有亂臣賊子。」意譏其兄次山制軍嵩山四友也。

程德全好交旗人

蘇撫程雪樓中丞，初以直隸州需次安徽，未甚得意，聞有署吾邑廬江縣之說，已而不果。中丞故與旗籍人有舊，因之吉林，大為將軍長順所賞識，疏舉其材於朝。是時，日俄戰正酣，中丞與將軍達桂周旋兩大之間，頗負時望。長順卒，達桂繼為吉林將軍，中丞洊升道員，署黑龍江將軍。光緒三十三年，東三省改官制，自將軍以下皆免官。中丞內有繫援，外隆令譽。值新設黑龍江巡撫段芝貴因楊翠喜案罷歸，得留署其缺。旋授奉天巡撫，調江蘇巡撫。由邊省而移腹地，身名俱泰，東三省改官制之後所僅見者也。

貽靄人將軍，吉林人，始與中丞為摯友。京朝之事頗恃為重，久而益得。兩家子弟男婦，相好無尤。朋友義重，親如家庭骨肉，本為八旗舊家之風。及將軍以貪墨參案敗，中丞之子與貽穀之子，俱隨使節在俄京聖彼得堡，中丞子婦忽手刃將軍之子，兩人之誼遽絕。辛亥春，中丞以未曾到省之候補道員應德閎署理江蘇布政使，為言路所訐，奉嚴旨申斥。疑將軍之黨為害，內不自安，頗有去位之意。亂作，推江蘇都督。項城建民國，授南京留守，未幾，退隱。諸公子常往來吉林，與其他旗籍故人縞紵聯歡如故，益見北人之交堅若金鐵，至國變而不渝也。

馮汝騤之死

馮星嚴中丞，以光緒癸未成進士，入翰林，二十年始外放道府，遷安徽徽寧池太廣道。不三年，洊升江西巡撫，項城之力也。武昌變作，南昌新軍，學識遠出鄂省之下，而囂張過之，聞亂即起，擁中丞為都督。中丞託詞讓賢，適中馬毓寶意，得辭職歸里。已登舟矣，毓寶送至江岸，拱手話別。中丞謝曰：「後會有期。」毓寶誤會，以為江湖隱語，謂他日報復，如孟明之「三年拜賜」也。

忽憶中丞與項城，兒女姻親而兼鄉誼，當日南方烏合，不敵北兵節制之師，畏之如虎。惟恐中丞縱去，能為後患，復挾之反，令作書致項城，招使來降。中丞不允，則軟禁之於一室，不令親友省視。中丞知不免，自承素有嗜好，日吸鴉片數次，毓寶許之，而微疑其有他，命監者給之，而但如其量止，毋得多予。居數日，中丞紿監者曰：「汝日出購區區之物，不以為煩乎？吾與汝金，為我買供三日之用。」監者喜得沾潤，為致如數，中丞乘間服之而死。中丞在任，江杏生侍御曾劾其溺職，亦以項城之故而波及，嗣竟以死，可謂君以此始，必以此終矣。

袁世凱新交梁士詒

遜位之先，項城授內閣總理大臣。楊杏城侍郎授郵傳部大臣。侍郎從唐少川尚書南下，與國民黨議和，梁燕孫京卿派署郵傳部大臣，署中相見，談及鐵路交通之便，京卿問侍郎曰：「子知鐵路兼水陸交通之利乎？」曰：「未也。」京卿曰：「項城斥逐，彰德安置，欲往則畏有後禍，欲不往而不能，兩難之際。余時為鐵路局長，獻計曰：『為公備機車、坐車、行李車各一輛，置於公寓處相近，日夜使勿斷火，以待命。身在京刺探消息，苟不利於公，則立以告。是雖往，而緩急可恃以出走，至任何海口而止，猶之未往也。至公之屬下，自幕府以至騶從，皆取給於各路，朝夕相從，則在野與在朝何異焉？』」項城於侍郎為舊交，其於京卿之新交，則甫見於此。

袁世凱父子與楊士琦昆仲

項城於楊氏昆仲皆善，及戊申放歸，往津被拒，自是與楊氏不愜。制軍身故，以津浦幾興大獄，幸邀寬典而奪宮銜，則張馨庵都轉受命項城為之也。侍郎如在暗室，不知天日，輒為呼冤，可謂昧於事情矣。中興以後，各省疆臣率效仿曾文正規模，不使其屬下接近子弟，故後門生部曲，多念舊恩而無從生惡感。項城為督撫資淺，不知先輩典型，長嗣芸臺左參，於乃翁故吏，無論文武兩途，少所滿意。文員中惟趙秉鈞、沈雲霈，武將中惟王士珍、雷震春差為許可，餘子碌碌，不足數也。於楊氏昆仲，尤多貶辭。項城在樞府時，左參屢謂人曰：「如有語於家翁者，告雨人，勿告杏城。」鼎革後，將召侍郎入為秘書總長。左參在德，電致其父，力言不可，首云「勿須秘書譯」，而電稿仍入案冊，梁燕孫播而揚之。侍郎不安，堅辭不就。其後項城亦知內部不協，洪憲改元，仿前朝之制，儲君之名，密藏於篋，聞為第五公子云。

張勳被徙東北

張少軒軍門，少從許仙屏中丞為末弁，性放曠，不受羈勒。好博，屢喪貲而蝕公款。中丞將懲處之，夫人稱其能，縱之去。至廣西，投蘇軍；走奉天，隸毅軍，殊碌碌無所短長。既而，隨項城練兵小站，充管帶。項城開府直隸，所部益張，軍門得統帶巡防營，駐直豫交界。鑾輿東返，扈從至京，留充宿衛，授建昌鎮總兵、擢雲南提督，移甘肅，皆不履。一時恩眷，無與倫比。始而宮門內外，既而聖駕左右，莫非張部。會項城入都覲見，蒙恩賞戲，見張部兵甲鮮明，盈階上下，駭然曰：「如其有變，將若之何？」與樞府謀，徙之外鎮。值日俄戰後，東省遍地皆匪，乃調充奉天行營翼長，節制三省防軍。雖尊榮備至，不免有名無實矣。

張勳與錫良

東三省為鬍匪出入之區，軍門至任，迄無以遏橫行之勢。京朝官多疑其通匪，然事無確證，莫以讞其罪也。歷任將軍，總督，咸優容之。暨錫青弼制軍開府遼東，素耳其名，欲視其人，以察其臧否。值軍門在京，詗知來意不善，日遊於外以避之，使不獲晤。制軍不得已，一日凌晨，突往見之。出謂人曰：「吾入少軒庭，陳設古玩，皆裝潢置篋中，如入古肆。嘆曰：『美哉室也。』少軒曰：『兩宮所賚也。』吾曰：『然則賜第也歟哉？』少軒曰：『臣受欽賞，年來積至數百，且盈千件。上知臣貧，輒予白銀，曾一次多至萬五千，合計數幾六萬。盡茲屋中所有，不過如是而已。非皇恩之厚，安得享此以終耶！』余聞斯言，遂無奈何也。」及履任，總督、提督，按諸大清典籍，品級相等。軍門於前任東海制軍，甘居屬下，至是則分庭抗禮。問之，則曰：「菊帥，吾舊長官也，而何比。」於是卒不相下。雖名掛彈章，終不為屈。

張勳任江南提督

軍門性好揮霍，平時黃金散盡，曾不少惜。及至窘時，頗受經濟束縛之苦。宿衛數載，每至年終，輒向項城求乞。一歲，項城拒不見。既而，以銀帖二千予楊杏城侍郎，曰：「子歸，少軒必俟乎爾，幸舉此畀之，勿溷乃公為也。」項城惡軍門，然畏其聲氣通於宮禁，故寬假之，已而果然。小德張未得意時，軍門知其有寵於皇后，輒先納交甚篤，且與聯宗。張母有私蓄，軍門常貸以濟急，通家之好不啻焉。隆裕尊為皇太后，小德張為總管，聲勢煊赫，軍門因緣而為顯要。洵、濤初起，猶介以自結於太后，下此者勿論已。軍門既儕於朝貴之列，求遂所欲。值姜翰卿統制有痟首疾，偶行數武、常暈眩不已，必席地坐片刻乃復。每入內庭，途中輒三四息，大有衰態。軍門乘機欲奪毅軍而代之將，樞臣、陸部無可無不可。既有成議，統制知之，往見慶邸求退，遣散其眾，曰：「此軍自宋、馬以來至於今，事三主矣。其父兄斷脰決腹於疆場之上，今之存者，皆鋒鏑之餘也，忍激之為變而盡芟夷之乎。」且泣。時當道諸公相忍為國，懼不敢發。軍門曾在毅軍，軍中亦有為之助者，慫恿其前進，毋為氣餒，以此相持不決者累月。適程從周軍門逝世，乃以程平齋繼任長江水師提督，使軍門統江防軍，駐浦口。軍門雖不悅於出京，然賦閒已久，驟得此事，欣然就任而去。

異日革命軍起，朝旨北洋陸軍盡隸項城麾下，時北軍之能為異同者惟毅軍。項城入覲，及返私舍，賓客盈門，皆辭焉，只見姜統制一人而與之謀。假使斯時毅軍統領為少軒軍門，則前敵諸將領雖合詞籲請共和，猶有後路可退，有清皇室不至處於絕路也。武昌之亂作，蔓延至江南，所在新軍響應，防之更甚於寇。倚以備緩急者，惟江防軍是賴。軍門簡江南提督，帥師駐寧，更遣二營至皖，以壯氣勢。卒只五千，又分一千以去，兵力單弱之甚。江南第九鎮變，江防軍擊走之。未幾，蘇、浙、滬、鎮、淮、浦敵眾大至，軍門堅守不出。上海教會遣使說之罷兵，軍門曰：「我江南提軍，非盡復吾土不止。」初，江防軍全部南渡，軍門誓死矢忠報國。部將張文生諫曰：「無益也。苟死而仍無濟，曷若姑留吾身，以有待焉。願守浦口為歸路。」軍門許之。事亟，文生具舟，濟師北遁，全軍而返。自是軍門於文生言聽計從，與白寶山並倚如左右手。

張勳復辟始末

癸丑南北爭戰，軍門奉項城命，與馮國璋分途南下，夾攻金陵。國璋由津浦鐵路，軍門由運河，勢如破竹，先入城，欲得其地。項城不予，以國璋為南京都督，改江防軍曰「定武軍」，移駐徐州。初，毅軍制度，名位高下與兵權多寡各不相涉，惟視乎帥意而已，喜而與之，兵數立增；惡而奪之，兵數立減。馬忠武曰：「吾嘗拂宋忠勤意，不數日間，以吾部悉分隸他將，所餘百人耳。」毅軍成於豫中防捻之日，當時染霆軍之習，容納游勇，有額則補為正軍，平時僅給食而已。臨戰趨以應敵，勝則銳師繼之，不勝則整師以乘敵懈，霆軍常資以集事。軍門在徐，沿襲舊法，整軍經武，眾至五萬，虎踞津浦中心，為海內重望。各省使者麇集麾下，事無巨細咸就取決，名為徐州會議。

項城去位，黃陂繼之，北洋諸將帥不滿於其所為，咸有別圖。於是，思舊之人，心為之一動，群趨於軍門，為恢復計。適黃陂免倪嗣沖職，以軍門兼代，眾怒愈張，而於我益利。軍門乘機善導，倡言復辟。各省之使者，咸電詢於其府主，欣然從命，成立密約。會黃陂招軍門至都，調停各省紛局。文生、寶山懼於祿位之危，悉持勿去。幕中文士眷懷故主，視事過輕，幾如反手之易。軍門未有設備，攜衛軍千人，乘津浦車北上。及津，淮南鹽運使劉某，軍門之心腹而所識拔以至今職者也，力阻撓之。且為之謀曰：「不如任擇一人為閣老，姑留今政府為吾用。」從之。既而授官施令，悉乖所欲，軍門毅然奮起，扶幼帝復位。以軍機大臣兼直隸總督，宰相而領節度使，周、召方伯之任也。軍門平時誓詞，復江南提督原任，言行殊不相符，各省使者簽名於密約者，無不食言而肥，兵事乃作，軍門以衛軍一營，支持數日而敗。軍門遁入荷蘭使館，乘隙至津，於是乎終身焉。

張勳遺產無多

民國初年，軍門統軍之眾，各省無出其右。身沒之後，遺產無多，雖因經商不善之故，多所虧蝕，然為數較少，比之同時之領軍者，或相倍蓰，或相什百，或相千萬，真不可相提並論矣。忠於故主，視富貴如敝屣，至死不渝初志。後之作者，亦將有感於斯人。

張勳之棄妾

軍門初至金陵，遊秦淮河，眷揚妓小毛子，納之為妾。距革命未久，小毛子以目盲，失寵遣去。揚州妓女多住鄉間，亂中投奔親族，道出淮上，扼於兵。從者呼曰：「張軍門之夫人也。」時軍門守金陵不下，適為眾矢之的。淮上軍得此奇貨，欲挾以為質，迫軍門獻城出降。上海報館，更造出一種謠言，謂軍門本無鬥志，以失小毛子，老羞成怒，忿而出於一戰，無識之徒轟然和之，眾口一辭，遂有以吳三桂之圓圓為比例。言清得天下失天下，恰有一被掠婦人，為之渲染生色。嗣知為棄妾，謠風乃息。

康有為參與復辟

復辟之役，康有為簡弼德院長。當時創舉，用人不拘資格，於有為舊職，未之計及也。有為奉詔謝恩，以一品服色往，見者知其未脫草野之氣，莫不匿笑。當道不得已，賜以頭品秩，有為奔走經年，他無所得，僅頂帶榮身而已。時敵軍露布曰：「將帥則烏雲瘴氣、几榻煙霞；謀臣則巧語花言，一群鸚鵡。」出於梁啟超手，不為有為稍留餘地，無論知與不知皆哂焉。有為仕清，終未改節。暮年耽於古刻，遊陝西，至某大廟，買得宋刊經典以歸。運經汴洛道中，為土人所覺，詆為攘奪而追取之，其中什一已攜至滬。有為故後，有好事者影印陝中宋藏，其所缺者，猶假諸有為之家，始成完璧云。

血歷史100　PC0693

新銳文創
INDEPENDENT & UNIQUE

異辭錄：
晚清官場真實內幕

原　　著　劉體智
主　　編　蔡登山
責任編輯　洪仕翰
圖文排版　楊家齊
封面設計　楊廣榕

出版策劃　新銳文創
發 行 人　宋政坤
法律顧問　毛國樑　律師
製作發行　秀威資訊科技股份有限公司
114 台北市內湖區瑞光路76巷65號1樓
電話：+886-2-2796-3638　傳真：+886-2-2796-1377
服務信箱：service@showwe.com.tw
http://www.showwe.com.tw
郵政劃撥　19563868　戶名：秀威資訊科技股份有限公司
展售門市　國家書店【松江門市】
104 台北市中山區松江路209號1樓
電話：+886-2-2518-0207　傳真：+886-2-2518-0778
網路訂購　秀威網路書店：http://store.showwe.tw
國家網路書店：http://www.govbooks.com.tw

出版日期　2017年11月　BOD一版
定　　價　360元

國家圖書館出版品預行編目

異辭錄：晚清官場真實內幕/ 劉體智原著；蔡登山主編. -- 一版. -- 臺北市：新銳文創, 2017.11

面；　公分. -- (血歷史；100)

BOD版

ISBN 978-986-95452-1-1(平裝)

1. 晚清史 2. 筆記

627.6　　106016272

讀者回函卡

感謝您購買本書，為提升服務品質，請填妥以下資料，將讀者回函卡直接寄回或傳真本公司，收到您的寶貴意見後，我們會收藏記錄及檢討，謝謝！
如您需要了解本公司最新出版書目、購書優惠或企劃活動，歡迎您上網查詢或下載相關資料：http:// www.showwe.com.tw

您購買的書名：________________________________

出生日期：________年________月________日

學歷：□高中（含）以下　□大專　□研究所（含）以上

職業：□製造業　□金融業　□資訊業　□軍警　□傳播業　□自由業
　　　□服務業　□公務員　□教職　□學生　□家管　□其它_____

購書地點：□網路書店　□實體書店　□書展　□郵購　□贈閱　□其他

您從何得知本書的消息？
　□網路書店　□實體書店　□網路搜尋　□電子報　□書訊　□雜誌
　□傳播媒體　□親友推薦　□網站推薦　□部落格　□其他__________

您對本書的評價：（請填代號　1.非常滿意　2.滿意　3.尚可　4.再改進）
　封面設計____　版面編排____　內容____　文／譯筆____　價格____

讀完書後您覺得：
　□很有收穫　□有收穫　□收穫不多　□沒收穫

對我們的建議：________________________________

____

____

____

請貼
郵票

11466
台北市內湖區瑞光路 76 巷 65 號 1 樓
秀威資訊科技股份有限公司 收
BOD 數位出版事業部

（請沿線對折寄回，謝謝！）

姓　　名：＿＿＿＿＿＿＿＿　年齡：＿＿＿＿　性別：□女　□男

郵遞區號：□□□□□

地　　址：＿＿＿＿＿＿＿＿＿＿＿＿＿＿＿＿

聯絡電話：(日)＿＿＿＿＿＿＿＿(夜)＿＿＿＿＿＿＿＿

E-mail：＿＿＿＿＿＿＿＿＿＿＿＿＿＿＿＿